NATUR HEILPRAXIS BUCH

Herausgeber der Reihe
Naturheilpraxis-Buch:

Karl-Friedrich Liebau

Josef Karl praktiziert seit 1962 als selbständiger Heilpraktiker in München. Schwerpunktmäßig ist er Phytotherapeut, unterrichtet diese Disziplin, hat zwei Fachbücher geschrieben und viele Vorträge zu diesem Thema gehalten. Als Schüler von Josef Angerer beschäftigt er sich mit Irisdiagnostik praktisch und theoretisch. Josef Karl ist Mitglied der Kommission E für Phytotherapie beim Bundesgesundheitsamt; er wurde mit der Prießnitzmedaille, dem I.-v.-Peczely-Preis und 1987 mit dem Josef-Angerer-Preis ausgezeichnet. Das Rödern lernte er während seiner Assistenzzeit beim Kneipparzt Dr. med. Karl Schöner kennen, wo es bei Fastenkuren täglich systematisch praktiziert wurde.

Josef Karl

Das lymphatische System

und seine naturheilkundliche Therapie, insbesondere die Darstellung der »Röder-Methode«

Pflaum Verlag München

CIP-Titelaufnahme der Deutschen Bibliothek

Karl, Josef:
Das lymphatische System und seine naturheilkundliche Therapie, insbesondere die Darstellung der »Röder-Methode« / Josef Karl. – München: Pflaum, 1989
(Naturheilpraxis-Buch)

ISBN 3-7905-0554-4

Satz und Druck: Pflaum, München
Verarbeitung: Pustet, Regensburg

Inhalt

Gewidmet
Marion Prinzessin von Schoenaich-Carolath-Karl, Heilpraktikerin – und natürlich allen Therapeutinnen und Therapeuten, die sich um die Kinder mit den »großen und schlechten Mandeln« bemühen!

»Die Methode hat, neben ihrer biologischen Bedeutung, den Vorzug der Billigkeit, Bequemlichkeit und Unschädlichkeit. Sie ist, wie der Verfasser wiederholt erproben konnte, überall, auch in den beengtesten Verhältnissen, ausführbar. Das Alter der Patienten spielt keine Rolle. Verfasser behandelt Kinder von 4 Monaten und Leute von 70 Jahren mit gleich gutem Erfolg. Das kleine dazu nötige Instrumentarium ist in einer handlichen Tasche zusammengestellt, die den Umfang eines Doppelbriefes hat und bequem in der Kleidertasche unterzubringen ist.« *Dr. med. Taube*

Vorwort

Der langjährige Fachfortbildungsleiter der Deutschen Heilpraktiker e. V. im Landesverband Bayern, Herr J. *Broy,* dem die Erhaltung traditioneller Heilmethoden seit Jahrzehnten am Herzen liegt, hat mich in den letzten 20 Jahren wiederholt aufgefordert, in Kursen über eine Methode zu berichten, die der Vergessenheit anheimzufallen droht. So waren wir zusammen sogar 1972 in London und haben über unsere alten Verfahren an der School of Naturopathy vor englischen Naturheilkundigen (Herr J. *Broy* über das Schröpfen, ich über das Rödern) berichtet. Auch der folgende Fachfortbildungsleiter, Herr H. *Portofoé,* gab mir im Rahmen der Fortbildung die Möglichkeit der Demonstration. Die Kursteilnehmer fragen mich seit Jahren immer wieder nach Literatur. Der Initiator der Methode, Dr. med. Heinrich *Röder,* hat lediglich in Aufsätzen zwischen 1912 und 1918 in medizinischen Fachblättern davon berichtet. 1933 erschien von dem berühmten Fastenarzt Dr. med. Otto *Buchinger* sen. im Bruno Wilkens Verlag Hannover das Büchlein »Die Rödermethode«. Es kam – auf »Kriegspapier«, das man heute wieder benutzt als »Umweltschutzpapier«! – 1947 in der 4. Auflage heraus und ist seit langem vergriffen. O. *Buchinger* führt im Literaturverzeichnis ein Büchlein an: »*Vogl,* Die Mandeln, ihre Aufgabe und ihre Behandlung nach Dr. *Röder,* Verlag Lebenskunst–Heilkunst, Berlin, 2. Auflage«, das ebenfalls seit langem nicht mehr existiert.

Nun ist mir von Anfang an klar gewesen, daß man eine therapeutische Technik weniger mit Worten bereden und beschreiben, als sie vielmehr zeigen muß. Auch Fotos und Bilder sind kein rechter Ersatz hierfür. Trotzdem entschloß ich mich, das Wichtigste zusammenzustellen – in der Hoffnung, daß in einer Zeit, wo eine ungeheure Füllen von Neuem (und auch Modischem) täglich auf uns einstürmt, das bewährte Alte nicht vergessen werden darf. Das kleine Buch möge dazu beitragen.

Es sei noch erlaubt, auf eine Besonderheit hinzuweisen. Bekanntermaßen sind Praktiker meistens keine guten Schriftsteller! Die medizinische Fachsprache ist selten mit einem guten Deutsch identisch – das merkt man häufig bei fachkompetenten Aufsätzen bekannter Professoren. Der Zufall, daß der Münchner Schriftsteller Dr. Klaus *Voswinkel* im selben Haus wie ich wohnt, machte es möglich, ihn um Stilhilfe zu bitten. Er kam diesem Wunsch sehr vorsichtig nach, griff kaum ein und beließ im allgemeinen den persönlichen – bei mir sicher ziemlich bayrischen! – Stil.

Zu danken habe ich aber auch dem Kollegen Willy *Hauser* in Heimsheim/Württemberg, von dem ich im Austausch von Erfahrungen viel in puncto Iriskonstitutionen gelernt habe (auch in seinem Büchlein »Die praktische Irisdiagnostik«, 7258 Heimsheim, 1986, überzeugend dargestellt).

Katja *de Braganca* hat zwei Zeichnungen beigetragen – und Ingrid *Tomesch* vom Verlag hat mit Umsicht und Sorgfalt die Vorveröffentlichung betreut.

München, Januar 1989 *Josef Karl*

Die Tonsillen, insbesondere die Tonsillitis, aus medizinischer Sicht

In diesem Buch, in welchem die moderne Medizin, die naturwissenschaftliche Medizin, die sog. Schulmedizin nicht der eigentliche Gegenstand der Betrachtung ist, soll doch am Anfang jene Sicht wiedergegeben werden, wie sie sich dort augenblicklich findet.
Im wesentlichen berufe ich mich hierbei auf eine Veröffentlichung der »Zeitschrift für Chemotherapie« (4: 25–27, 1987).

1. Zum lymphatischen Rachenring gehören neben den Gaumenmandeln die Rachenmandel, Zungenmandel, die Seitenstränge, die Tuben- und Kehlkopfmandel. Die Tonsillen erfüllen in erster Linie **Abwehrfunktionen** im Mund- und Rachenraum und helfen durch die besonders in den ersten 10 Lebensjahren häufig stattfindenden Infektionen bei der **Ausbildung des immunologischen Gedächtnisses.**

2. **Tonsillitiden** werden am häufigsten durch β-hämolysierende **Streptokokken** hervorgerufen. Mischinfektionen sind seltener.
Auch Viren können zur Tonsillitis führen: Adenoviren (ca. 5%), Herpes-simplex-Viren (ca. 4%), weniger Coxsackie-Viren und das Epstein-Barr-Virus. **In etwa 40% der Fälle allerdings bleiben die Erreger unbekannt.**
Die **Übertragung** erfolgt **durch Tröpfcheninfektion.**

3. **Klinisches Bild:** Betroffen sind vor allem Kinder zwischen dem 4. und 10. Lebensjahr. Nach einer Inkubationszeit von 2 bis 4 Tagen treten akut Fieber, Kopfschmerzen, allgemeines Krankheitsgefühl sowie Halsschmerzen und Schluckbeschwerden auf. Kleinere Kinder klagen auch über Übelkeit und Erbrechen. Es zeigt sich meist eine ödematöse Rötung und lymphoide Hyperplasie der hinteren Pharynxwand. Die Tonsillen sind gerötet und deutlich hyperämisch, evtl. findet sich ein weißfleckiges Exsudat. Die submandibulären Lymphknoten können druckschmerzhaft vergrößert sein.
An lokalen **Komplikationen** sind der Peritonsillarabszeß sowie der supra- bzw. retrotonsilläre Abszeß zu erwähnen.
Postinfektiös können das akute rheumatische Fieber und die akute Glomerulonephritis auftreten.

4. Die **Diagnose** kann meistens durch das klinische Bild und die geschilderte Beschwerdesymptomatik gestellt werden. Daneben ist es gerechtfertigt, Rachenabstriche in folgenden Fällen abzunehmen: Alter unter 25 Jahren, Temperatur über 37,7°C, anamnestisch rheumatisches Fieber oder Herzvitium, Kontakte mit Streptokokkeninfizierten oder Streptokokken-Epidemie in der Umgebung, Diabetes melitus oder andere immunsupprimierende Faktoren, exudative Tonsillenbeläge, dolente Lymphknoten, skarlatiformes Exanthem.

5. **Differentialdiagnostisch** sind von den durch Streptokokken hervorgerufenen Tonsillitiden die Angina ulcerosa bzw. necroticans, die vor allem durch Anaerobier oder Mischinfektionen hervorgerufen werden, sowie die Diphterie oder gonorrhoische Tonsillitiden abzugrenzen. Fibrinös-exudativ membranöse Verlaufsformen sprechen für eine Mononucleosis infectiosa. Bläschen am weichen Gaumen und der Uvula sind typisch für die Coxsackie-Viren hervorgerufene Herpangina, während Bläschen an den Lippen und der Wangenschleimhaut bei der durch Herpes-simplex-Viren verursachten Gingivostomatitis auftreten.

6. Durch **Behandlung der akuten Tonsillitis** gelingt es, Schmerzminderung zu erreichen und die Übertragung auf Kontaktpersonen wie auch das Auftreten eines rheumatischen Fiebers zu verringern. Jedoch hat die Behandlung kaum Einfluß auf die Inzidenz der akuten Glomerulonephritis und der lokalen Komplikationen. Die **Therapie der Wahl** besteht in der Gabe von Penicillin bzw. bei Penicillinallergien von Erythromycin (z. B. Erythrocin, Erycinum oder Generika). Bei Versagen dieser Therapie, bei Mischinfektionen und im Falle der Abszeßbildung sollte Clindamycin (z. B. das Präparat Sobelin) gegeben werden.

Nach dieser Kenntnisnahme des neuesten Standes der klinischen Betrachtung sei noch ein weiteres erlaubt, damit wir gut gerüstet in die ganze Materie gehen, nämlich das klinische Wörterbuch *Pschyrembel* zu zitieren. Wann ist z. B. nach dessen Ansicht eine **Indikation zur Tonsillektomie** gegeben? Lesen wir: »Bei rezidivierenden Anginen, chronischer Tonsillitis mit subjektiven Beschwerden, tonsillogene Herdinfektion, rezidivierender Peritonsillarabszeß, tonsillogene Sepsis, Tonsillenhyperplasie«.

Nun wird gerade über die Tonsillenoperation später noch ausführlich die Rede sein. Aber daß man über die beiden ersten Indikationen des *Pschyrembel* ebenso diskutierten muß wie über letztere – davon handelt letztlich dieses Buch. Und daß man heute im Gegensatz zu früher nicht nur diskutieren darf, sondern vielmehr muß – dies begründe ich mit der (auch statistisch belegbaren) Tatsache, die sich in den letzten 10 bis 15 Jahren zugetragen hat: Ebenso wie heute weniger Blinddarmoperationen gemacht werden als noch vor dieser Zeit, ist inzwischen auch die **Tonsillektomie zurückgegangen.** (Dazu hat sicher auch beigetragen, daß sich seinerzeit einige europäische Länder bei statistischen Vergleichen über die hohe Operationsrate in der Bundesrepublik Deutschland lustig gemacht haben: Die Frage lag auf der Hand, ob wir hierzulande denn andere Appendices oder Tonsillen hätten als beispielsweise die Franzosen oder Niederländer!)

Und um wieder Selbstverständliches auszusprechen und falschen Unterstellungen zuvorzukommen: Niemand Vernünftiger wird die Warnungen des *Pschyrembel* in den Wind schlagen mögen: Folgen der Tonsillitis können die Fokaltoxiose sein (»Polyarthritis, Glomerulonephritis, Herdnephritis, Endokarditis und entzündliche Gefäßerkrankungen. Auch eine leichte Angina kann Herz-, Nieren- und rheumatische Erkrankungen zur Folge haben! Urinuntersuchungen auf Eiweiß – noch 2 Wochen nach Entfieberung!«)

Aber – das ist die *eine* Sicht – aus ihrem Blickwinkel klar, richtig, komplikationsverhütend und zuweilen lebensrettend. Bekanntlich aber haben viele Dinge zwei Seiten. In diesem Buch geht es vorwiegend um die andere Seite. Und warum? Ganz einfach, weil diese in den letzten 40 Jahren zu kurz kam – jene Seite, die weniger die komplikationenprovozierende und lebensbedrohliche ist, als vielmehr die schleichendchronische, das Befinden des Menschen durch ein Nicht-gesund-aber-auch-nicht-krank-Sein, empfindlich störende.

Warum konnte im Bewußtsein der modernen Medizin überhaupt die Meinung entstehen, daß dies, was sie hervorbringt, schon alles sei? Warum hat sie, bis vor ganz wenigen Jahren – alles verdrängt, geleugnet, mit Spott und mitleidigem Lächeln bedacht, was in Kliniken nicht vorkam? Wie konnte es zu solch gravierender Verdrängung – als würde Sigmund *Freuds* Lehre nie existiert haben – der Wirklichkeit des Praxisalltags kommen? Warum ist erst seit den allerletzten Jahren wieder eine »andere Wirklichkeit« im Kommen: »mein Arzt macht jetzt auch(!) Naturheilkunde«, »der HNO-Arzt meint, daß die Mandeln vielleicht doch nicht heraus müssen und ich soll es einmal mit einem pflanzlichen Mittel versuchen« – so die tägliche Schilderung durch Patienten. Bewußtseinswandel? Umdenken? Und noch vor fünf Jahren nahezu undenkbar, was man heute in ärztlichen Fachblättern immer häufiger liest: Es sollte doch zunächst ein pflanzliches Immunstimulans versucht werden oder Neuraltherapie, ehe im HNO-Bereich gleich operiert wird.

Nun, wenn man 30 Jahre in der Praxis ist – wie der Verfasser –, wie soll man auf solche Merkwürdigkeiten reagieren? Wie auch soll man es verstehen, wenn sich manches wiederholt, wenn auf Altes, Vergessenes und auch bisweilen mit Fanatismus Bekämpftes plötzlich wieder zurückgegriffen wird, nachdem jene Ära zu Ende zu gehen scheint, wo die Herren Professoren (Frauen kamen ebenfalls bis vor kurzem nicht vor!) arrogant ihren Alleinvertretungsanspruch in Sachen Therapie durchsetzen konnten? Wir müssen uns nur **erinnern** (der ärztliche Psychosoziologe Alexander *Mitscherlich* hat es mehr oder weniger ergebnislos immer wieder auf unangenehmen Gebieten der Vergangenheit gefordert!). Wir müssen uns auch an alte Bücher erinnern – und ganz eindeutig sind in den fünfziger Jahren nach der Katastrophe des Zweiten Weltkriegs eine ganze Reihe von wichtigen naturheilkundlichen Büchern erschienen, die vieles der Gegenwartsliteratur weit in den Schatten stellen (mein Literaturverzeichnis läßt es anklingen). Und dieses ist nur *ein* Beispiel: 1953 erschien im Hippokrates-Verlag in Stuttgart das bemerkenswerte Buch des Dr. med. Dr. phil. Georg Alfred *Tienes* »Angewandte Naturheilkunde« – ein Buch von einem HNO-Arzt, der lange in Bad Wörishofen praktizierte und einen großen Zulauf hatte. Was machte er? Ganz einfach klassisches Naturheilverfahren: Heilfasten, Darmreinigung, vegetarische Kost (er nennt sie »Paradieskost«), Schwitzprozeduren, das Repertoire der Kneippschen Therapie und schließlich speziell das Baunscheidtieren hinter den Ohren (Processus mastoideus) bzw. Anlegen eines Kantharidenpflasters an diesem Ort. Ich möchte mir erlauben, ihn zu einem Thema zu zitieren, das hier besonders interessiert: »Die **oberflächlichen Mandelentzündungen** heilen bei Pflanzenkost oder Fasten, Darmreinigung, 15°R Halspackungen und ableitenden Wadenpackungen, öfteren Gurgelungen mit Zitronenwasser oder Heidelbeerabkochungen in 3 bis 5 Tagen gewöhnlich von allein ab. In **schweren Fällen** Obstsaftfasten, zwei Einläufe täglich, ein Fuß-, Rohrstuhl- oder Bettdampfbad mit gleichzeitigen feuchtkalten Halsumschlägen, die alle Viertelstunden zu wechseln sind. Bei Schlingbeschwerden und Bildung von Eiterherden Dampfaufschläge (auch Leinsamen- oder Kamillenwickel) um den Hals, Kopfdämpfe mit Einatmen des Dampfes. Bei starker Durchtränkung des Zellgewebes bringen einige Stichelungen mit Baunscheidts Lebenswecker nebst Ölung, welche Reifung und Selbstentleerung beschleunigen, und Gurgeln mit warmen Kamillen- oder Salbeitee schnelle Erleichterung und Heilung. Anstatt der Dampfbäder auch ein aufsteigendes Fuß-, Sitz- oder Halbbad 29 bis 33°R mit folgender Schwitzpackung und Ganzwaschung. Nachts Rumpfpackung und Absonderung, da übertragbar; Bettruhe bei Hitze. Bei **verschleppter Entzündung** äußere und innere Halsstreichung und Saugbehandlung nach *Prym-Roeder* mit Säuberung des Nasenrachens und Kreislaufregelung in Nase und Hals; Ganzpackungen, Kastendampfbäder.« (Anmerkung: Das R hinter den Temperaturen steht für die alte Messung in Réaumur.)

Solche Art von Naturheilkunde – Ganzheitsbehandlung – läßt sich, wie man schnell erkennt, nicht einfach nachmachen. Insofern wird der unvergleichliche *Tienes,* der selbst vorlebte, was er propagierte (und dabei sehr alt wurde), kaum eine Renaissance erfahren – auch wenn eine jetzige Ärztegeneration zum Teil aus Überzeugung oder aus Not (»Ärzteschwemme«)

umdenkt und dorthin gelangen möchte, wo naturheilkundliche Ärzte und Heilpraktiker schon lange sind.
Wie kommt es schließlich, daß der Kollege Gerhard *Jedicke* solchen Zulauf zu seinen Kursen hat, wo er demonstriert, was er in seinem Buch beschreibt: »Die (sanfte) nasale Reflex-Therapie unter Verwendung ätherischer Öle« (Selbstverlag, 8975 Fischen/Allgäu, 1987)?
Viel Eigenartiges und viele Fragen – wird sie die Zeit zum Teil beantworten?

Die Tonsillen – ein Stiefkind der Medizin?

In München gab es viele Jahre einen hervorragenden »biologischen« HNO-Arzt, Dr. med. Adam *Kumpf*. Er hatte eine große Praxis gegenüber dem bekannten Hotel »Bayerischer Hof«, und viele, die mit drei diversen Tablettensorten aus einer anderen Praxis kamen, fanden bei ihm Zuflucht und auch Heilung. Er hat in verschiedenen Zeitschriften über Jahrzehnte hinweg für ein besseres Verständnis des lymphatischen Systems geworben. Er hat sich bemüht, aus der etablierten Forschung eine Grundlage für eine neue, *naturheilkundliche* Betrachtung des HNO-Gebietes zu erarbeiten. Ein Brief, den er mir persönlich in den 70er Jahren geschrieben hat, klingt pessimistisch, wenn ich nicht wüßte, daß er therapeutisch ein Optimist war: »Es besteht allerdings zur Zeit wenig Hoffnung, daß die Ärzte und ihre Medizin einen neuen Weg suchen. Erst muß die moderne Medizin ad absurdum geführt werden.«

Dr. *Kumpf* gab Ende der 70er Jahre seine Praxis auf (Alter!). Ich konnte beobachten, daß die Not in einer Millionenstadt, die die zweithöchste Arztdichte der Welt hat (!), auf dem HNO-Sektor groß ist. Nur so ist es zu erklären, daß der ebenfalls »biologisch« arbeitende HNO-Facharzt Dr. J. *Gleditsch* Wartezeiten von Monaten hat – während auf der anderen Seite manche Fachärzte durchaus Kapazitäten frei haben. Was ist hier also los? Gibt es hier eine Therapie-Lücke? Ist die sog. schulmedizinische Behandlung nicht suffizient?

Auf dem HNO-Gebiet, auf dem ich selbst als Allgemeinpraktiker kein Fachmann bin, kann auch der Arzt und Zahnarzt Prof. Dr. med. Dr. med. dent. A.J. *Hattemer* bezeugen, daß auf diesem Gebiet eine Lücke klafft. Er hatte bis zu seiner Pensionierung in Wiesbaden eine große Praxis und schrieb mir im Jahr 1973 folgendes: »Bei der Behandlung der chronisch entzündeten Schleimhaut im Mund- und Rachengebiet können wir mit der Verwendung antibakterieller Mittel keinen Erfolg erzielen.« Um so energischer weist er auf anderes hin: »Seit langem versuche ich hier mit Ernährungsumstellung, Echinacea u.ä. Mitteln sowie Nosodentherapie (z.B. Symbioflor) zu helfen, also alles Dinge, wie Sie sie auch in Ihrem Vortrag empfohlen haben. Auch in unseren Ernährungsansichten, z.B. keine

Milch beim lymphatischen Kind, und wenn, dann nur in gesäuerter Form, stimmen wir überein. Aus meinen Bildern konnten Sie auch sehen, daß die pasteurisierte und wiederbeimpfte Milch weit fermentreicher ist als die Frischmilch.«

Ist es nicht hochinteressant und irgendwie auch alarmierend, wenn ein Zahnarzt sich mit Fragen der Ernährung beschäftigt (er ist nicht der einzige, man denke nur an den Zahnarzt Dr. med. dent. *Schnitzer* und seine bundesweiten Erfolge mit der Kost).

Das Mandelproblem ist mit Absaugen allein nicht zu lösen. Wir reden viel von Ganzheitsbehandlung. Hier wäre ein einzelner Punkt, die Gaumenmandel, etwas Winziges und man könnte denken, etwas Nebensächliches. »Es hängt alles mit allem zusammen«, sagen wir oft – aber nehmen wir das ernst? Am Begriff der Gaumenmandel können wir es beweisen.

Die Gaumenmandeln im Gesamtsystem

»Aber *Röders* Werk soll und muß weiterleben und weitergebaut werden.« (Dr. med. Otto *Buchinger* sen.)
Die Mandeln sollen als Teil des **lymphozytopoetischen** Systems betrachtet werden – ihr Entfaltungsgrad spiegelt jeweils den Entfaltungsgrad des gesamten Lymphsystems wider. Die Produktion und Bereitstellung großer Mengen von nukleinsäurereichen Lymphozyten kann als wichtige Maßnahme des Organismus angesehen werden, um ein Reservoir an notwendigen Eiweißstoffen zu haben. Aus diesem Vorrat kann entnommen werden, wenn neues Gewebe gebildet oder vorhandenes erweitert werden muß.
Prof. Dr. med. vet. H. *Grau* meint, man könne annehmen, »daß die Mandeln über die in diesem Apparat übergeordneten Zentren, das Zwischenhirn-, Hypophysen-, Nebennierenrindensystem, therapeutisch zu beeinflussen sind«.
Wir können – wenn wir daran glauben, daß alles mit allem zusammenhängt – annehmen, daß wir **umgekehrt** diese Schaltzentralen über Reizung und Abflußverbesserung des Tonsillensystems ebenfalls therapeutisch beeinflussen. H. *Grau* hält allge-

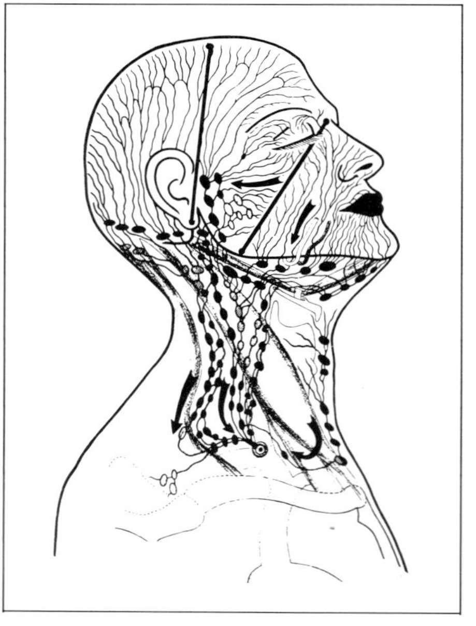

Abb. 1: Die Tonsillen und das Lymphsystem des Kopf-Hals-Bereichs.

meine Belastungen des Organismus, die wir heute vielfach Streß nennen, im Rahmen der »vegetativen Gesamtumschaltung« (F. *Hoff*) für ebenso lymphfunktionserschwerend wie zu reichliche Eiweiß- und Fettzufuhr. Vorsichtig sagt dieser Autor:
»Das ganze Lymphsystem aber dürfte auch von der Ernährung her zu beeinflussen sein.«
Ich weise an dieser Stelle wieder auf eines der wichtigsten Bücher hin, die ich kennengelernt habe – und das zumeinem völligen Unverständnis niemand gelesen hat (obwohl es gerade für uns Naturheilkundige geschrieben zu sein scheint). Es handelt sich um Dr. med. dent. Hugo *Batt*s »Die vegetative Ermüdung als pathogenetischer Faktor«, erschienen bereits 1950 im Humata-Verlag, Freiburg/Breisgau. Das Buch ist gelegentlich noch für ein paar Mark im Antiquariat zu finden; der Verlag existiert nicht mehr. Der Zahnarzt H. *Batt* stellt **drei Faktoren** in den Mittelpunkt des ganzen Krankheitsgeschehens: **den Fokus (vor allem die Zähne), die Psyche und die Ernährung.** Er sieht diese **Trias** als die pathogenetischen Faktoren schlechthin an – und wer könnte ihm da widersprechen? Es hängt alles mit allem zusammen – vergegenwärtige man sich immer diesen Satz. Dann hat F. *Hoff* recht, wenn er die »vegetative Gesamtumschaltung« (Streß) ganz in den Mittelpunkt rückt (und damit der Psyche, die beim Streß eine entscheidende Rolle spielt, eine Schlüsselrolle zuweist), dann hat H. *Grau* recht, wenn er von Beeinflussungen der Mandeln über das Inkretorium und die Ernährung spricht, dann hat J. *Angerer* natürlich recht, wenn er ständig die **Herdhierarchie** (hier: Zahn vor Mandel) einerseits und andererseits die Wechselwirkung Tonsillen – Gonaden (Ovarien bzw. Hoden) hervorhebt.
Hätte H. *Batt*s Buch sich durchgesetzt, könnten wir von vielen unfruchtbaren Diskussionen und Rechthabereien (wie ich sie auf Fachfortbildungen und Tagungen immer wieder erlebt habe) Abstand nehmen und endlich vom Selbstverständlichen zum Wesentlichen übergehen.
Selbstverständlich nämlich ist, was die Kapazitäten von allen Seiten wiederholen: Die Ernährung und die Psychohygiene sind zentrale Lebensbedingungen. Selbstverständlich wäre dann, daß nicht bis zur Stumpfheit die einen auf dem Primat der Ernährung herumreiten – und die anderen genauso stupide auf jenem der Psyche (Streß etc.). Selbstverständlich wäre dann auch, daß es sich nicht widerspricht zu sagen, die Eubiose des Darms wäre »das zentrale Geschehen schlechthin«, wie ich dies vor wenigen Tagen auf einer Fachfortbildung in Berlin gehört habe (wieder einmal gehört habe, muß ich sagen). Die Ernährung beeinflußt die Darmflora, die Darmflora das Lymphsystem, das Lymphsystem hängt wiederum mit allem anderen zusammen. Psychostreß beeinflußt alles Vorhergegangene (»vegetative Gesamtumschaltung«) – ein möglicher Zahnherd wirkt zusätzlich auf das Tonsillen-Lymphsystem. »Rückkop-

pelung« fällt uns ein, »kybernetische Systeme«, J. *Broys* Beispiele von »pathogenetischen Reihen«. Nicht, daß ich denke, H. *Batt* hätte das »Ei des Kolumbus« gefunden, aber diese Trias ist einfach nicht zu übersehen – ich meine, wir sollten diese drei Worte **Ernährung – Psyche – Fokus** groß geschrieben ins Sprechzimmer hängen und sie bei jeder Therapie im Auge haben!

Den Begriff »chronische Tonsillitis« will Prof. Dr. med. S. *Gräfe* nicht gelten lassen. Er findet in ihm einen Widerspruch: -itis und chronisch gehe vielfach nicht zusammen. Er möchte stattdessen den Ausdruck »Reizzustand« angewendet wissen. Das würde vielleicht auch der Aussage, bei Tonsillitis soll nicht gerödert werden, wohl aber beim chronischen Reizzustand, entgegenkommen.

Das lymphatische System

Wenn der erwähnte HNO-Arzt Dr. med. A. *Kumpf* schreibt, daß »die Lymphgewebe etwas mehr als 1 % des Gesamtgewichts« im menschlichen Organismus betragen, so wird man finden, daß dies nicht viel ist. Da aber jeder weiß, daß Quantität häufig mit Qualität nicht das Geringste zu tun hat, relativiert sich die Bedeutung der lymphatischen Organe, zu denen wir folgende zählen:

1. die submukösen Lymphstrukturen des Rachenrings (A. *Kumpf* nennt sie die »Lymphstrukturen des Kopfdarms«),
2. die Lymphorgane des Darms,
3. die Lymphknoten,
4. die Milz und
5. der Thymus.

Man kann dieses System als lymphoiden Komplex bezeichnen, und jedem sind die Ausdrücke »Status lymphaticus«, »Status thymicolymphaticus«, »lymphatisch-exsudative Diathese« oder »Lymphatismus« geläufig – wann immer wir ausdrücken wollen, daß dieses Organsystem hervortritt. Wer sich mit der Irisdiagnose befaßt, weiß um die besondere Wichtigkeit der Konstitution – differenziert man hier gar nur zwei Typen, die hämatogene und eben die lymphatische Iris (J. *Deck*). Einer praktischen Erwägung und therapeutischen Konsequenz entspricht der Irisbefund »neurolymphatische Diathese« – hier sei auf die wichtigen Arbeiten von J. *Broy* hingewiesen (es ist mir nicht bekannt, daß die sog. Schulmedizin besondere Verknüpfungen von vegetativem Nervensystem und Lymphatismus kennt bzw. therapiemäßig besonders darauf eingeht).

Das Schlagwort von der **»lymphatischen Diathese«** soll näher beleuchtet werden. Dr. med. K. H. *Hellmich* gibt folgende Definition: »Diathese bedeutet eine über die Norm hinausreichende Bereitschaft des Organismus zu konstitutionsbedingten, pathologischen Reaktionen. Diathese ist demnach keine Krankheit, sondern nur die Bereitschaft des sonst gesunden Körpers, eine Krankheit in einer vorgezeichneten Richtung und in einem speziellen Organgebiet zu entwikkeln.«

(Im übrigen ist es in der Literatur schwierig, die Begriffe »Diathese« und »Konstitution« auseinandergehalten zu haben – fast jeder Autor scheint mit diesen Wörtern zu machen, was ihm gerade einfällt. Ich werde später den Begriff der »lymphati-

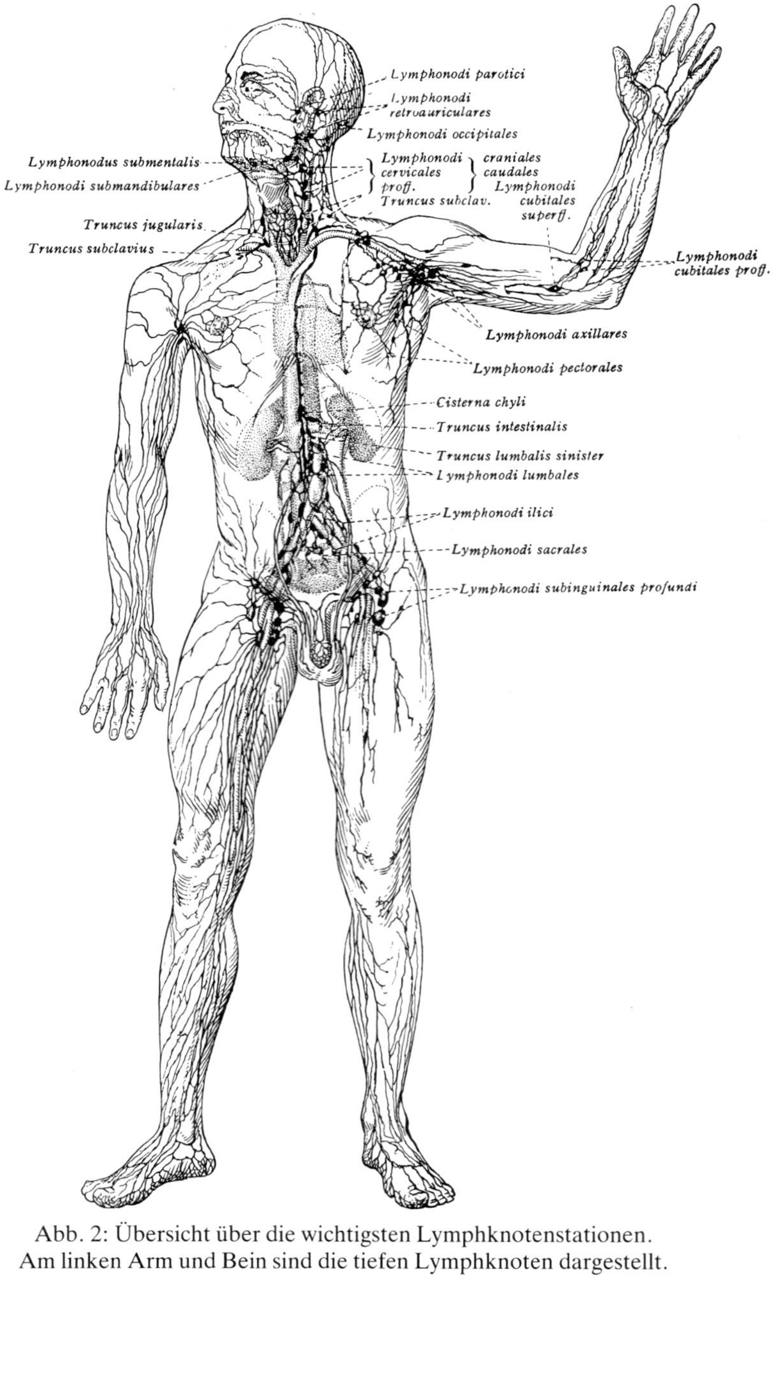

Abb. 2: Übersicht über die wichtigsten Lymphknotenstationen.
Am linken Arm und Bein sind die tiefen Lymphknoten dargestellt.

schen Diathese« nicht verwenden, vielmehr den der »lymphatischen Konstitution« mit vier untergeordneten Diathesen. Ich halte mich in diesem Fall an die Definition des Klinischen Wörterbuchs von *Pschyrembel*: »Konstitution ist die Summe aller angeborenen Eigenschaften, die Summe aller Dispositionen...«)

Im Produkteprospekt des vorzüglichen Medikaments für lymphatische Erkrankungen, dem Thujacyn von Galmeda, lesen wir, daß der Begriff »Lymphatismus« erstmalig von O. *Heubner* im Jahre 1906 benutzt wurde; und dann: »Beim kindlichen Organismus dominiert normalerweise schon das lymphatische System, anders als beim Erwachsenen, dessen humorale Funktionen überwiegend vom Blutkreislauf-System beherrscht werden; es erscheint daher unberechtigt, von einer lymphatischen Konstitution bei Kindern zu sprechen. Ein Fehlverhalten dieses Systems kann demgemäß nur eine Diathese sein, eine besondere Ausformung der individuellen Disposition, allerdings mit konstitutionsprägenden Faktoren.«

Unentbehrlich ist in diesem Zusammenhang immer wieder das Buch von J. *Broy* »Die Konstitution«, in welchem eine präzise und erschöpfende Auskunft gegeben wird. Hier wird vor allem die **Iris** als **Spiegel der Konstitution** vorgestellt – und auch der naturwissenschaftlich eingestellte Praktiker braucht kein Vorurteil, das er vielleicht der Irisdiagnose gegenüber hat, zu haben, wenn es um die **Iris** und **Konstitution** geht. Hier sei nur an die Arbeiten von Anthropologen wie z.B. Professor Dr. K. *Saller,* München, erinnert. J. *Broy* differenziert in seinem Buch den **lymphohyperplastischen Typ** vom **hypoplastischen:** Während ersterer vorwiegend zwischen dem 7. und 11. Lebensjahr angetroffen wird und am ehesten den Calcium-carbonicum-Typ der Homöopathie repräsentiert (pastös, schlaff, phlegmatisch, adipös), ist der hypoplastische Lymphatiker eher grazil, leptosom, unruhig, hypermotorisch; betroffen sind Kinder, aber auch Erwachsene. (J. *Broy* nennt die lymphatisch-hypoplastische Konstitution »eine Spätform resp. das Endstadium des Lymphatismus«.)

Bei der **lymphatischen Konstitution** ist das Lymphsystem erheblich stigmatisiert. Hypertrophe Mandeln sind im Kindesalter kein Anhaltspunkt für eine solche Konstitution. Bekanntlich steuert in den ersten Lebensjahren die Thymusdrüse das Lymphgeschehen und das Lymphsystem muß sich erst nach und nach ausbilden. Man kann sich leicht denken, was es für den kindlichen Organismus für einen ungeheuren Streß bedeuten muß, wenn es schon früh – während der Ausbildungsphase und der damit physiologischen Tonsillenhypertrophie – zur Entfernung der Gaumenmandeln kommt. Wenn F. *Sprenger* schreibt, beim »Lymphatismus kann (oder muß) die operative Behandlung unterbleiben«, dann wird es überhaupt schwierig, eine Tonsillenoperationsindikation zu finden! Ein ebenso trügerisches Diagnostikum für die »lympha-

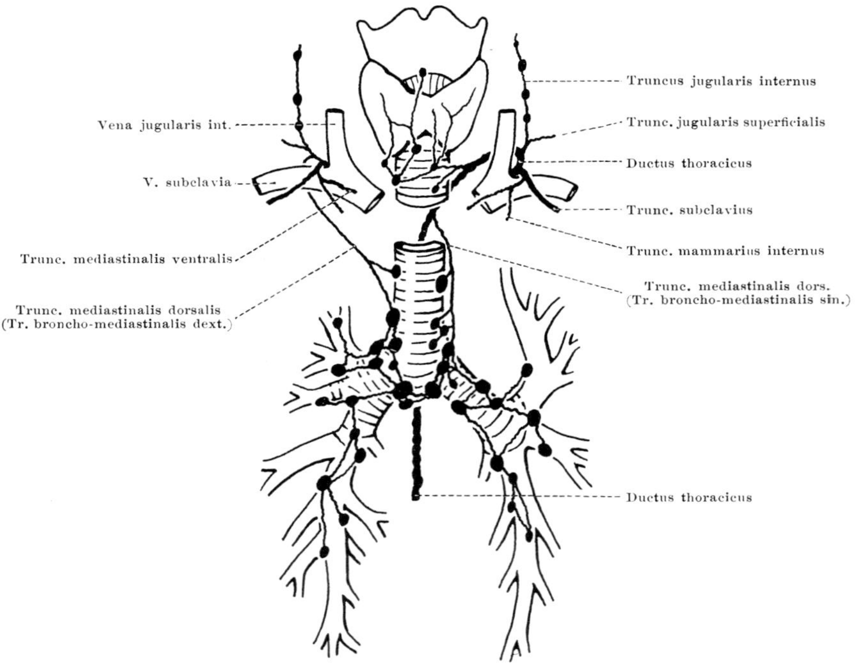

Abb. 3: Anguli venosi mit den Lymphstämmen, Lymphknoten der tiefen Luftwege, Lnn. praelaryngei, prae- und paratracheales, tracheobronchales und bronchopulmonales. – E.

tische Diathese« ist nach K. H. *Hellmich* auch das schwammige Aussehen des Kindes (das ändert sich häufig), desgleichen Bronchitiden und Hautausschläge. Er verweist vielmehr auf das **gravierende Merkmal der ununterbrochenen Infektanfälligkeit.** Es **können** entsprechend auch die immer wiederkehrenden Hautausschläge bzw. die Bronchitis auftreten. Es versteht sich, daß es beim Lymphatismus nicht nur um die Tonsillen geht, sondern auch um die Rachen- und Zungenmandeln. Schließlich gehören zum *Waldeyer*schen Rachenring alle drei.

Eindringlich sei auf den besonderen Zusammenhang zwischen Tonsillitis und Appendizitis hingewiesen. Beide verhalten sich statistisch ca. 1:3 und haben in den letzten Jahrzehnten stark zugenommen – nicht nur in der Bundesrepublik Deutschland. A. *Kumpf* betont, daß es sich hier um Krankheiten handelt, die für einen hohen Lebensstandard geradezu typisch sind. Das Maximum der Morbidität für die Angina tonsillaris liegt im ersten Lebensjahrzehnt, das für Appendizitis im zweiten und dritten Jahrzehnt. Der **Ernährung** wird neben allergischen

Vorgängen (Reaktion des sensibilisierten Organismus) und psychischen Störungen (Konfliktsituationen, neurotische Konstitution) die Hauptursache für die Tonsillitis und die Appendizitis zugewiesen. Bei der Tonsillitis wird die Eiweißüberernährung als **mit kausal** angesehen.

Vergrößerte Mandeln bezeichnet Dr. med. Alfred *Schroedter* als »eine sog. Arbeitshypertrophie, da der kindliche Organismus erst noch seine Abwehrkräfte herausbilden muß«. Er zieht Parallelen zum Sportlerherz, das sich durch ständig hohe Beanspruchung vergrößert; seine Warnung bezieht sich auf eine voreilige Operation – weil nach Beendigung des Wachstums sich die Tonsillenhypertrophie meistens zurückbilde (»Volksheilkunde«, Nr. 11/1975).

Die Gaumenmandeln als ein Ausscheidungsorgan für die verbrauchte und überschüssige Lymphe? Ein Entgiftungsorgan, das fortwährend Schlacken und Ermüdungsstoffe absondert? Ein »Überlauforgan« des Lymphstroms? Ein Endorgan, eine »Kopfstation« des Lymphsystems?

Was hier der geniale Fastenarzt Dr. Otto *Buchinger* sen. in dem Büchlein »Die Rödermethode« behauptet (Bruno-Wilkens-Verlag, 4. Auflage, Hannover 1947), war seinerzeit von der Schulmedizin genauso skeptisch beurteilt worden wie heute. Merkwürdigerweise gehen die Ansichten über Funktion und Nutzen der Gaumenmandeln immer noch heftig auseinander: Das reicht von der zentralen Bedeutungseinschätzung vieler Fokussucher und Neuraltherapeuten bis zur Negierung besonderer Wichtigkeit seitens zahlreicher klassischer Schulmediziner.

Zur Therapie

Die *Röderbehandlung* hat ihren Namen von dem Wuppertaler Arzt Dr. med. Heinrich *Röder*, der sie vor dem 1. Weltkrieg durch Zufall entdeckte: Er hantierte gerade mit einer kleinen Bierschen Saugglocke aus Glas mit Rohransatz, wie man sie damals zur Furunkelbehandlung benutzte. Eine Frau kam und klagte über übelriechende, gelbe Mandelpfröpfe und bat ihn, diese zu entfernen. Mit dieser Glasglocke und Schlauch mit Gummiball entfernte er saugend die Pfröpfe und die Frau verlangte nach einigen Tagen um Wiederholung der Prozedur, weil es ihren monatelangen, quälenden Magenkrämpfen so gut getan hätte. Sie wurde schließlich davon nach wiederholter Therapie dauernd befreit. Es muß aber angemerkt werden, daß es der Arzt *Prym* war, der 1905 als erster die Tonsillenbehandlung mittels Bierscher Saugglocke empfahl. Aber erst Röder wandte das neue Verfahren im großen Umfang an, sehr erfolgreich, wie sich Otto *Buchinger* sen. während einiger Wochen in seiner Praxis überzeugen konnte. Er starb früh, im Oktober 1918 mit 52 Jahren, an einem plötzlich aufflakkernden, vernachlässigten Darmleiden.

Otto *Buchinger*, der in seinen Fastensanatorien in Bad Pyrmont und Überlingen diese Methode täglich an jedem Fastenden ausübte, somit im Laufe seines langen Wirkens von 70000 Behandlungen sprach, schilderte in dem Büchlein Heinrich *Röder* wie folgt:

»Heinrich Röder war kein Blender. Er war kein Eindruck machender ›angenehmer Arzt‹, kein gut zuredender, liebenswürdiger Plauderer. Gerade im Gegenteil! Nervös, mürrisch, kurz angebunden, oft jähzornig, ungebärdige Kinder ohrfeigend (was mitunter zu Szenen mit den Müttern führte), grob gegen Unfolgsame und unduldsam gegen Zweifler...«

Er hebt aber die Tugenden Innenschau, Spürsinn für Wesentliches, Stärke im folgerichtigen Verbinden aller Beobachtungen und Eindrücke mit den einmal intuitiv gewonnenen Leitgedanken hervor – und »spürnasige Beharrlichkeit«.

Das »Handwerkszeug«

Was braucht man zum »Rödern«? Ein Röderbesteck, welches 4–6 Glassaugröhrchen verschiedener Größe, 2–3 gebogene Watteträger (»Rachenhaken«) und 2–3 gerade Watteträger umfaßt – alle müssen sie mit einem guten Gewinde versehen sein.
Ein Gummisaugball schließlich mit Schlauch – Watte und eine Nasensalbe bzw. ein Nasenöl – gehören ebenso dazu wie ein Fläschchen Echinacea- und Arnikatinktur. Wasserstoffsuperoxyd (H_2O_2) zum Anfeuchten der in das Saugnäpfchen einzulegenden Watte ist ebenfalls bereitzuhalten. Eine Kritik des Handwerkszeugs will ich gleich vornehmen: Wie so oft bei alltäglichen Gebrauchsgegenständen (jede gute Hausfrau kann ein Lied davon singen!) scheinen sie partout von Menschen konstruiert und vertrieben, die sie nie benützt haben. Da habe ich dann im Laufe der Jahre schon die kuriosesten Instrumente gesehen: viel zu große und zu kleine Glasröhrchenköpfe; ein Loch im Glasröhrchenschaft, womit man mittels Finger die angesaugte Luft wieder entweichen lassen soll – es ist mir nie geglückt, damit umzugehen, weshalb ich das Loch mit Leukoplast zugeklebt habe. Zum Desinfizieren braucht man – nachdem die benutzten Röhrchen mit heißem Wasser gespült wurden,

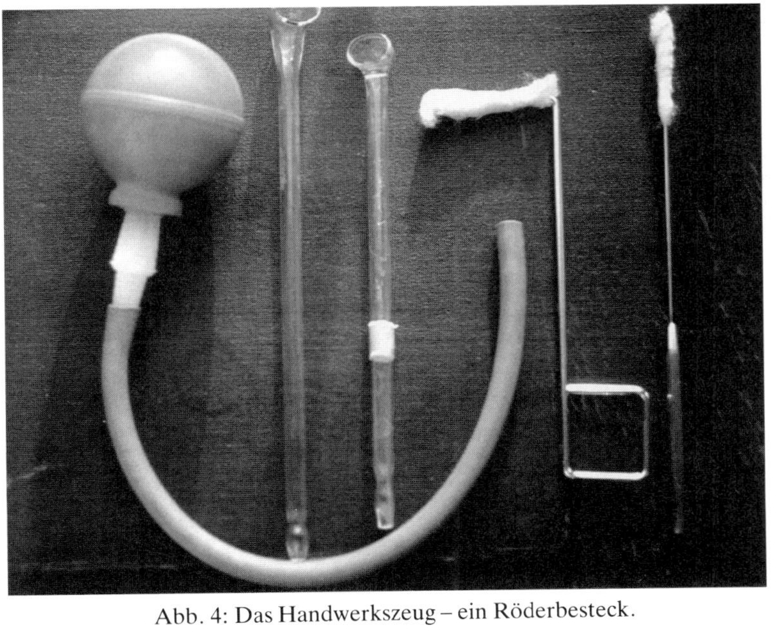

Abb. 4: Das Handwerkszeug – ein Röderbesteck.

eine Lösung von Zephirol BAYER®. Mundschutz ist wegen der möglichen Infektionsgefahr zu empfehlen.
Wenn man in seinem Medizinbedarfs-Geschäft das Besteck nicht bekommt, kann man ein *»Tonsillen-Absaugbesteck nach Röder,* bestehend aus Gummiball und 4 Sauggläsern, Best.-Nr. 204 – DM 24,80« bei der Firma Methatec – Gesellschaft für Praxisbedarf mbH, 7910 Neu-Ulm 4 – Jedelhausen beziehen. Ich persönlich würde das dort ebenfalls angebotene Besteck aus Metall zum Preis von DM 118,– nicht für nötig halten.
Gute Nasensonden sind nicht so selbstverständlich zu bekommen wie man denkt. (Es ist unbegreiflich, was immer wieder für unbrauchbares Zeug feilgeboten wird: ich habe dieser Tage zwei verschiedene Sonden weggeworfen, weil es einfach eine Glückssache ist, ob die Watte am Haken bleibt oder in der Nase!). Zufrieden bin ich mit Nasensonden der Firma Wilhelm und Kirchner.
Sie haben an der Spitze ein winziges plattgeklopftes Stück – so daß die Watte nicht von der Sonde kann. Man achte beim Aufwickeln der Watte auch darauf, daß man sie *mit* dem und nicht *gegen* das Gewinde dreht!
Der Vollständigkeit halber sei noch erwähnt, daß O. *Buchinger* Haken und Sonden in *Sagrotan* desinfiziert hat.
Nicht übersehen soll man die Wichtigkeit des *Carbo Königsfeld* von Müller-Göppingen! Die von dem Arzt Dr. med. A. *Heisler* in seinem seinerzeit vielgelesenen Buch »Dennoch Landarzt« so sehr propagierte Kaffeekohle ist nicht nur ein vorzügliches Darmdesinfiziens, sondern ebenfalls eines für die Mundhöhle. 1 Teelöffel, gut eingespeichelt, bindet Tonsillentoxine.
Dr. A. *Kumpf* bediente sich folgender *Salbe zum Nasenrödern:*

Rp. Glycer.	3,0
Extr. Chamom.	1,0
Ephedrae	0,5
Thuja ∅	0,5
Vasel. flav. ad	20,0

M. f. Ungt. S.: Nasensalbe

(Man beachte in dieser Rezeptur Thuja als Polypenmittel!)
Diese Salbe eignet sich auch gut dafür, daß der Patient mit den überall käuflichen Q-Tips selbst die vorderen Nasengänge massieren kann.

Nun zur Technik

Der *1. Akt* ist das Absaugen der Gaumenmandel. Die pfeifenkopfähnliche Öffnung des Glasröhrchens wird also mit wasserstoffsuperoxydgetränkter Watte ausgelegt, der Saugkopf (Mundspatel braucht man keinen) auf die Mandel gesetzt und durch kräftigen Druck auf den Gummiball die Mandel saugend (melkend) behandelt. Durch die richtige Wahl des Röhrchens (im Verhältnis zur Größe der Tonsille) und den angepaßten Druck auf den Ball bringt man bald die notwendige Stärke heraus: Zu

schwach darf das Saugen nicht sein – aber auch nicht so stark, daß man mit Gewalt das Röhrchen wieder von der Mandel reißen müßte. Auf der feuchten Watte sehen wir nach dem Saugen je nachdem schmierige, käsige Massen oder gelbliche, feste, körnerartige Bestandteile – die Aktion war erfolgreich!
Der *2. Akt* ist die Mandelmassage mit dem wattearmierten Zeigefinger. Eine größere flockig gezupfte Watte wird um die Zeigefingerkuppe gewickelt, unterm Wasserhahn läßt man Wasser darüber laufen und gibt dann noch ein paar Tropfen Echinacea- oder Arnikatinktur darüber. Beide Mandeln werden leicht und sanft massiert; man kann sich dabei gut über Konturen, Resistenz und Beweglichkeit der Mandeln informieren (im übrigen benutzte Röder noch eine stark verdünnte Quecksilberoxydcyamat-Lösung, was wir heute vermeiden müssen. Buchinger plädierte für Wasserstoffsuperoxyd). Wenn öfter gerödert wird, kann man den 2. Akt auch auslassen – oder noch besser: den Patienten anlernen, selbst mit dem Zeigefinger seine Tonsillen auszumassieren. Freilich steht dem bei empfindlichen Patienten bisweilen ein übermäßiges Würgegefühl im Wege – es setzt unserer Aktivität Grenzen. Nach dem Absaugen und Ausmassieren soll dem Würge- und Hustenreiz nachgegeben werden und bei dieser Gelegenheit gleich kräftig ausgeräuspert und ausgespuckt werden! Das hört sich zwar nicht schön an, bringt aber zusätzlich Befreiung.

Der *3. Akt* betrifft die *Rachenmandel:* Mittels des gebogenen Rachenhakens wird der obere Nasen-Rachen-Raum durchgewischt. Der rechtwinklig gebogene Haken wird gut mit Watte armiert, mit H_2O_3-Lösung oder Echinacea befeuchtet. Flach quergelegt führt man den Haken über die Zunge und stellt ihn hinter dem Zäpfchen auf, so daß er in der Fornix, im »Rachenkamin«, senkrecht zu stehen kommt. Das sieht zugegebenermaßen schlimmer aus und hört sich komplizierter an als es ist. Es geht aber schnell vor sich und ehe der Betroffene sich in die Prozedur erst richtig hineinwürgt, ist sie schon wieder vorbei. Wenn man mit dem flach-/quergelegten Haken am Zungengrund ist, setzt ein Würgereflex ein, die Zunge wölbt sich etwas nach unten und bildet kein eigentliches Hindernis. Man wischt ein paar Mal durch, legt den aufgerichteten Haken wieder quer und zieht ihn aus dem Mund. Es darf ruhig ein bißchen Blut an der Watte sein.

Der *4. und letzte Akt* ist das Rödern des *unteren Nasengangs.* Die wattearmierte Sonde stößt bis zur hinteren Rachenwand, und der Zuschauer erschrickt vielleicht zunächst, wie weit die Sonde (in fast waagrechter Position) nach hinten geht. Es ist kein großes Geschick nötig, um sich vorsichtig (eventuell unter Drehen der Sonde) nach hinten zu tasten und, wenn man einmal leicht an der Rachenwand anstieß, einige Male massierend hin und her zu bewegen (ohne immer wieder anzustoßen, weil das unangenehm ist). Hierzu verwende man am besten Rödler-Nasenreflexöl mite. Man kann schließlich noch den kürzeren mittleren und oberen Gang mitmachen, Röder und Buchinger schreiben es aber nicht zwingend vor.

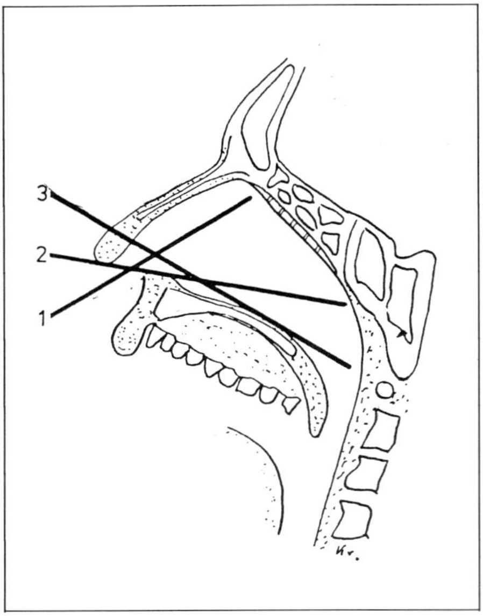

1 = Im oberen Nasengang, etwa parallel zum Nasenrücken.

2 = Im mittleren Nasengang, etwa in Richtung auf die Schädelbasis oder auf den ersten Halswirbel zu.

3 = Im unteren Nasengang, etwa auf den 7. Halswirbel zu. Man kann günstigenfalls durch die Choanen in den Rachen hineingelangen.

Abb. 5: Lage des Watteträgers bei der endonasalen Massage. In der Abbildung kann nur die ungefähre Lage des Watteträgers wiedergegeben werden, da sich diese von Individuum zu Individuum ändert.

Wann Rödern?

Die Indikationen für das Röder-Verfahren sind *primär* die chronischen Stauungen und wiederkehrenden Entzündungen der Gaumenmandeln und der Seitenstränge, Hyperplasie der Rachenmandel und der Nasenschleimhäute, damit verbunden die chronische Sinusitis maxillaris. *Sekundär* sind es die generelle Anfälligkeit für Erkältungskrankheiten und deren Manifestationen im Kopfbereich:
Sinusitiden generell, Otitis media, Pharyngitis, Laryngitis, Bronchitis. An *dritter* – aber beileibe nicht letzter – Stelle steht die Desensibilisierung der Tonsillen als einem der drei am häufigsten »streuenden« Herde (neben Zähnen und Nebenhöhlen). *Rheumatiker* können häufig ein Lied davon singen, wie steif und schmerzhaft ihre Gelenkapparate und Muskeln sind, wenn »die Mandeln gerade wieder streuen« (dies geht ja bekanntlich in Schüben und ist sehr streßabhängig, wobei als eine häufig empfundene Belastung das Wetter gelten muß). Die besondere Streuung auf die Nieren und das Herz sind ebenso wie das akute Gelenkrheuma eine *absolute Indikation für die Tonsillektomie*. Da hilft das Rödern nicht mehr und müßte diese Therapie als ein Kunstfehler betrachtet werden!.

Heinrich *Röder* hat die Indikationen wesentlich weiter gezogen – von eingeklemmten Brüchen, die durch Rödern leichter reponierbar seien bis zu Epilepsie und Ekzemen. Daß dies im Einzelfall alles möglich sein kann, soll nicht bestritten werden – nur generell mag man so weit nicht gehen und die Methode nicht dadurch in Verruf bringen, daß man sie in den Ruch einer Allheilmethode bringt.
Otto Buchinger betont, daß nach seinen umfangreichen Beobachtungen (er nennt 4000 Röderfälle) »diejenigen Krankheitsfälle am besten auf das Rödern ansprachen, welche Erscheinungen der ›vegetativen Stigmatisation‹ aufweisen«. Und den von V. *Bergmann* geprägten Begriff erläuternd: »Vegetatives Stigma ist dann das Symptom der gestörten Funktion eines autonom innervierten kranken Organs«.
Das Rödern der *Rachenmandel* mit dem rechtwinklig gebogenen Haken wird vielleicht manchem Kollegen Unbehagen bereiten. Ich darf gestehen, daß es mir nicht anders ging: Ich hatte Angst, daß – wenn ich erst mit dem quergelegten Haken hinter dem Gaumenzäpfchen bin, ihn senkrecht aufrichte – der Patient zu würgen und zu husten anfangen könnte und ich Mühe

hätte, den Haken wieder herauszubringen. Diese Befürchtungen haben sich jedoch nicht bestätigt. Bei sehr ängstlichen Menschen und jenen, die einen erheblich übersteigerten Würgereflex haben, ist es sowieso nicht zu machen. Ansonsten sieht die Prozedur gefährlicher aus als sie ist – wie schon gesagt!

Buchinger weist auf die entwicklungsgeschichtlichen Zusammenhänge zwischen Rachenmandel und Hypophyse hin und betont, daß der Gewebebau dieser beiden Organe überraschend ähnlich sei: »Also: die intrakranielle und die extrakraniale Hypophyse sind Schwestern!« Das ist vielleicht zuviel gesagt. Tatsache aber bleibt, daß das Rödern gerade der Rachenmandel eine erstaunliche Frische, besonders des Kopfes, bewirkt und *Buchingers* Meinung, hier würde mit dem 3. Röderakt eine Reiztherapie der Hypophyse des vegetativen Zwischenhirnzentrums betrieben, nicht gering bewertet werden darf.

Die von einer Reihe von Autoren seit Jahrzehnten beschriebenen engen *reflektorischen Kontakte der Nasenschleimhaut* mit diversen vegetativen Organschaltstellen sind da schon besser bekannt als jene der Rachenmandel. Man weiß, daß Regelstörungen über bestimmte Punkte der Nasenschleimhaut ebenso überraschend ansprechen können wie Spasmen der Magenmuskulatur und der Gallenwege. Der spanische Arzt *Asuero* hat schon frühzeitig darüber berichtet und Dr. A. *Krumm-Heller* in seiner berühmten Osmologie ausführlich auf die Bedeutung der Nasenschleimhaut hingewiesen. O. *Buchinger* zählt die besonderen Nervenbahnen der Nase auf: »Olfactorius, Sympathicus, Trigeminus, Nervus petrosus profundus, letzterer durch den Plexus hypogastricus mit den Genitalorganen verbunden«. Über die *endonasale Reflextherapie* gibt es inzwischen ausreichend Literatur für Interessierte, und ich persönlich bedaure, daß anscheinend durch die momentan starke Beschäftigung mit den Ohrakupunkturpunkten dieser vorzügliche Ort therapeutischer Beeinflussung wieder etwas in Vergessenheit geriet. Eine Topografie von Reflexpunkten ist inzwischen von der Nasenschleimhaut ebensogut erstellt wie vom Ohr. Die Arbeiten von den Ärzten W. *Fliess* und A. *Koblanck* seien erwähnt.

Es ist kein Zweifel, daß in den Tonsillen wie in anderen lymphatischen Organen Lymphozyten gebildet werden. Da die Tonsillen am Eingang des Verdauungs- und Luftweges liegen, wird man fragen, warum gerade hier Lymphozyten gebildet werden. Aus den Tonsillen werden sicher Lymphozyten und Leukozyten ausgeschwemmt, die im Speichel eine fermentative und auch bakterizide Wirkung entfalten. Ferner nehmen wir an, daß aus der Mundhöhle Keime in die Tonsillen eindringen und hier in den Reaktionszentren vernichtet werden. In diesem Fall werden also die Lymphozyten an Ort und Stelle beim Abwehrkampf gebraucht. Dieser Kampf hat aber keine rein örtliche Bedeutung, vielmehr könnte in den Tonsillen eine Gelegenheit geschaffen sein, das lymphatische Gewebe direkt mit den Keimen der Mundhöhle reagieren zu lassen. Es würde dann soviel Toxin aufgesaugt, wie der Körper zur Produktion von Antikörpern braucht. In der Kindheit wird der Grundstein zu einer gewissen Immunität gelegt, hier sind die Ansprüche an die Mandeln am größten, hier erreichen sie ihre höchste Entfaltung, hier wird auch die Hypertrophie am größten. Für die Theorie der Reaktionszentren sprechen also gute Gründe.

Dr. Röder war der Ansicht, daß die Lymphe und mit ihr Abfallprodukte des Körpers nicht durch den Ductus thoracicus in das Venensystem ausgeschieden werden, sondern auch über die Gaumenmandeln, wie überhaupt über den lymphatischen Rachenring. Wir können die Gaumenmandeln, von denen hier im besonderen neben der Rachenmandel gesprochen werden soll, als die Kopfstation des Lymphsystems ansprechen, als ein Endorgan – woraus sich von vornherein schon ergibt, daß auch hier eine Operation das Übel meistens nicht an der Wurzel packt, das Lymphsystem im Ganzen hinterher um so überlasteter sein wird.

Gute Gründe sprechen dafür, die Gaumenmandeln als eine Art Überlauforgan anzusehen, das in die Installation des Lymphstroms eingebaut ist. Jeder Schluckakt preßt sie durch sphinkterartige Ringmuskelwirkung wie zwei Schwämme aus. So geht dauernd ein Strom aus den Mandeln heraus und dann hinab zum Magen zur zweiten Verdauung.

Allgemeine Naturheilkunde und Rödern

Zunächst ein Punkteprogramm zur Behandlung der **akuten Mandelentzündung,** bei der das **Rödern nicht indiziert** ist:

1. Wärme
Ansteigendes Fußbad 36° – 39° – 40° C, 12–15 Minuten, mit einem schweißtreibenden Tee oder heißer Zitrone.

2. Ruhe
Nachschwitzen im vorgewärmten Bett.

3. Reinigung
Nicht zu vergessen: Abführen oder Klistier.

4. Fasten
als den königlichen Weg in der Behandlung akuter, entzündlicher Geschehnisse; Säfte, am besten Vitamin C (Sanddorn).

5. Halswickel
mit Lehmbrei (kühl).

6. Kohle oder auch Heilerde
(Carbo Königsfeld z.B., oder Luvos Heilerde ultra, teelöffelweise).

7. Phytotherapeutisch
Echinacea i.m. und oral, ziemlich massiv.

8. Homöopathisch
Belladonna, wenn akut, heiß, roter Kopf und Fieber; Apis, sagen wir D3, wenn ödematöse Schwellungen, Splitterschmerz;
Phytolacca D 2 – D 3, wenn gleichzeitig Gelenkbeschwerden;
Mercurius bijodatus D 4 – D 6 bei lakunärer Angina;
Lachesis D 12 bei blauroter Rachenverfärbung und Verdacht auf septische Komplikation (evtl. als Injektion).

9. Mögliche Kupierung
Meditonsin »Medice«.

Immer muß an eine wiederholte Urinuntersuchung, besonders auf Eiweiß, gedacht werden.

Ist der akute Prozeß gut überstanden, dann soll darangegangen werden, die Mandeln nun gründlich zu behandeln.

Das Röderverfahren soll aber nicht nur ständige Rezidive verhüten, sondern es soll vor allem zur Sanierung eines sog. Fokus gebraucht werden.

Immer wieder betont Josef *Angerer,* daß bei Hyperplasien des lymphatischen Mammagewebes unbedingt an die Gaumenmandel zu denken ist, ferner bei Stenokardien und Subluxatio-

nen des C VII, bei Nierenentzündungen sowieso und selbst bei einigen Formen von Neurosen. Ich selbst möchte nach eigenen Beobachtungen die Enuresis nocturna, das Bettnässen, erwähnen, bei dem die Mandeln fast nie in Ordnung sind.
Häufig sind Tonsillen-Patienten junge Menschen. Je jünger das Kind ist, desto größer die Aussicht auf konservative Behandlungserfolge. Allgemein umstimmende Maßnahmen im Sinne der **klassischen Naturheilbehandlung mittels Abhärtung durch Sonne, Licht, Luft, Wasser, Solebäder oder evtl. klimatischer Umstimmung** durch Ferien an der Nordsee (auch das mildere Mittelmeer) bringen ein Stück weiter. Wir behandeln also auch hier nicht die vergrößerten Mandeln, sondern doch das lymphatische Kind. Diätetisch ist die acidotische Stoffwechsellage in eine alkalotische zu verwandeln. Besonders die Kuhmilch ist zu meiden, die Mast mittels Eiern und Sahne wirkt sich hier geradezu verheerend aus. Eine salzarme, vorwiegend vegetabile und fettarme Kost bildet eine Grundtherapie, auf welche das Arzneimittel aufgestockt werden kann wie das Tüpfelchen auf das i. Ich kann hier auf die Arbeit von J. *Angerer,* NP Heft 10/55, verweisen: »Das innere Antlitz des Lymphatikers.«

Ernährung und Lymphsystem

Der Wiesbadener Arzt und Zahnarzt Prof. Dr. A. J. *Hattemer,* intensiv befaßt mit dem Lymphkanalsystem im Mund-Zahn-Bereich und biologisch orientiert, schrieb mir vor zehn Jahren: »Seit langem versuche ich hier mit Ernährungsumstellung, Echinacea u. ä. Mitteln sowie Nosodentherapie (z.B. Symbioflor) zu helfen, also alles Dinge, wie Sie sie auch in Ihrem Vortrag empfohlen haben. Auch in unseren Ernährungsansichten, z.B. keine Milch beim lymphatischen Kind, und wenn, dann nur in gesäuerter Form, stimmen wir überein. Aus meinen Bildern konnten Sie auch sehen, daß die pasteurisierte und wiederbeimpfte Milch weit fermentreicher ist als die Frischmilch.«
Und eine andere Stimme zum selben Thema:
»Durch eine **saure** Nahrung, die zuviel Eiweiß, Fett und Zucker enthält, dazu vitaminarm ist, kommt es langsam zu Lymphknotenschwellungen im ganzen Körper und damit auch zu Mandelvergrößerungen. Tierversuche bestätigen diese praktischen Erfahrungen. Eine **basische** Nahrung dagegen bringt große Mandeln zum Schrumpfen. Frisch- oder Rohkost, frische, selbst zubereitete, also vitaminreiche Obstsäfte ohne Zuckerzusatz, vegetarische Nahrung und nicht denaturierte Lebensmittel stellen die Grundlage dieser Ernährung dar. Zucker, ein Kalkräuber, der Übersäuerungen und Gärungen im Magen und Darm verursacht, muß konsequent gemieden werden. Dazu gehören zuckerhaltige Brotaufstriche und mit Zucker versetzte Fruchtsäfte und -getränke. Alle Weißmehlspeisen sind dem Zucker gleichzusetzen. Honig soll nur als Würze, aber nicht anstelle

von Zucker verwendet werden. Außer Sauermilch und Quark sowie Vorzugsmilch in geringen Mengen soll tierisches Eiweiß in der Nahrung fortgelassen werden. Alle Fette müssen drastisch reduziert werden. Diese Ernährung ist auf eine einfache Formel zu bringen. Sie lautet: »Verboten ist alles, was vom geschlachteten Tier stammt, Eier, Weißmehlspeisen und Zucker jeglicher Art!« Dieses umfangreiche Zitat stammt von dem Heilpraktiker K. *Hahn* – er hat dies auf einem Kongreß vorgetragen.

Die **Homöopathie** hat sodann gerade hier eine reiche Klaviatur, seien es die großen Konstitutionsmittel wie Thuja occid., Barium carb., Aurum chlor., Kalium jod., Silicea, Ferr. sulf. – um nur einige zu nennen. Die **Phytotherapie** vermag die Weinraute Ruta graveolens, Juglans regia, Qercus robur, Geranium Robertianum und Ringelblume als Lymphmittel zu nennen.

Kombinationspräparate wie das Thujazyn von Galmeda, das Cefalymphat von Cefak oder das Lymphozil von Cesra Redel stehen neben anderen zur Verfügung.

Positive Erfahrungen habe ich während 30 Jahren auch sammeln können mit **Alymphon** von ISO (3× 1 Teel.) und damit verbunden lange genug **Umckaloabo** von derselben Firma. Nur muß man eine lange Geduld und Ausdauer haben – unser Zeitgeist, wo alles schnell gehen muß, kommt uns da nicht entgegen. Umckaloabo, auch *Stevens*-Kur genannt, scheint überhaupt ein Umstimmungsmittel ersten Ranges zu sein, und ich habe bereits vor Jahren in der »Naturheilpraxis« einen kleinen Erfahrungsbericht gegeben: Die Kinder werden weniger anfällig gegen Infekte und gedeihen besser. Leider haben durch die Monopolsituation in England durch den Herrn *Stevens* die ISO-Werke Regensburg immer noch keine eindeutigen Identifikationen der Droge, wie mir der Apotheker *Hagen* mitteilte. Er schreibt, daß die Stammpflanze »noch nicht eindeutig identifiziert werden konnte, trotz aller Anstrengungen von uns und den Professoren *Hörhammer* und *Wagner*« (Korrespondenz vom September 1973).

Besonders Kinder mit der ungenauen Diagnose »lymphatische Diathese«, die der Münchner Heilpraktiker J. *Broy* sehr klar definiert (»Die Iriskonstitution« 1978), wachsen und gedeihen mit monatelanger Umckaloabo-Therapie sichtlich.

Der »tuberkulinische Infekt«: Spielt er in verkappter (larvierter) Form immer noch eine Rolle?

Mein Lehrer, der Münchner Heilpraktiker *Pumpe*, gab über Monate ansteigend dosiert von 2×3 auf 3×20 Tropfen vor dem Essen der Umckaloabo-Tinktur, wenn die Kinder sich durch ständige Infekte nicht entwickeln konnten.

Wann Operation?

Zur Kenntnis nehmen müssen wir die hohen **Operationsquoten** der Tonsillen. Statistisches Zahlenmaterial belegt, daß die Quote selbst innerhalb Europas stark schwankt, und wir müssen daraus folgern, daß (ähnlich wie bei Appendix-Entfernungen) die Ermessensfrage eine große Rolle spielt. Wenn man so weit gehen will wie einige Medizinkritiker (Prof. *Pflanz,* Prof. J. *Illich*), ist ein Trend der Zeit (ohne das harte Wort »Mode« zu gebrauchen) ein erheblicher Faktor. Die fokale Streuung als **absolute Indikation** (Herz, Nieren, Gelenke) steht nicht zur Debatte, und wenn schon eine Angina mit einem Mandelabszeß abgelaufen ist, wird auch niemand dagegenreden, um einen zweiten zu verhindern. Aber große Tonsillen und Erkältungsanfälligkeit? Wenn der biologisch eingestellte HNO-Facharzt Dr. A. *Kumpf* 1971 einen Artikel mit der provozierenden Frage überschreibt: »Wer ist für die Mandeln zuständig?« (Der Deutsche Apotheker, April 1971), so nennt er zwar den Allgemeinpraktiker, den Internisten, die Kinderärzte und den HNO-Arzt, räumt aber sofort ein, daß alle vier sich häufig widersprechen:

Zum Beispiel sind bei Kindern mit hyperplastischen Mandeln und erhöhter Infektionsanfälligkeit 10,6% der HNO-Ärzte für eine **konservative Therapie,** aber 40,4% für die **Operation.** Die Allgemeinärzte sind zu 57,7% für konservative, zu 7,2% für operative Behandlung. Bei den Kinderärzten dann schlagen 42,8% zunächst die konservative Therapierichtung ein, wenn diese aber nicht erfolgreich ist, die operative.

10 bis 20% der Gesamtbevölkerung der BRD haben eine Tonsillektomie hinter sich, auch hier erhebliche regionale Unterschiede. A. Kumpf beklagt, daß der Eingriff oft verharmlost wird, die Narkoseletalität bei Mandeloperationen 15% aller Narkosesterbefälle ausmacht, die Blutung während und nach der Operation immer beachtlich ist (bei 20% der operierten Kinder ist sie 10%!) und schließlich bei einem hohen Prozentsatz mehr oder weniger große Reste des Mangelgewebes zurückbleiben. Die **Gefahren der Operation** allein sind es jedoch nicht, welche einen gegenüber den häufigen Entfernungen skeptisch sein lassen müssen. Fast mehr noch sind es die unbefriedigenden Erfolge und auch die Anfälligkeit für schwerwiegendere Krankheiten. Es ist bekannt, daß

1. die Poliomyelitis nach Mandeloperationen häufiger und stärker auftritt. Dieses Problem ist im Augenblick jedoch sehr gebannt – wissen wir aber genügend über das Auftreten und die Auswirkung von anderen Viruserkrankungen? 2. Sorgfältige Erhebungen sprechen dafür, daß die Krebsanfälligkeit größer wird, wenn die Gaumenmandeln entfernt sind (die Operation des Blinddarms soll übrigens nicht nur zum gleichen, sondern noch deutlicheren Verhalten führen). 3. Auch die Multiple Sklerose verhält sich so, wie beim vorigen Punkt ausgeführt. 4. Ein Kenner der Materie, wie der erwähnte Dr. A. *Kumpf,* sagt, daß in der Weltliteratur immer wieder Berichte auftauchen, wonach allergische Zustände nach einer Tonsillektomie sich verschlimmern oder gar erst auftreten können. Bei der weltweiten Zunahme der Autoimmunstörungen und Autoaggressionskrankheiten ist dieser Umstand nicht zu übergehen.

Lästig und deprimierend ist, daß **nach Mandeloperationen häufig Problemverlagerungen** auftreten:

Sinusitiden, Ohrenschmerzen, chronischer Rachenkatarrh und Bronchitiden. Allerdings muß dies nicht nur nach Operationen beklagt werden, sondern auch nach ein- oder mehrmaliger Behandlung mit Sulfonamiden und Antibiotika. Zwar wird nicht mehr, wie vielleicht in der Anfangsphase dieser Medikamente, jede Mandelentzündung mit Penicillin behandelt – man hat das Phänomen der Resistenz kennengelernt und ist zurückhaltender geworden. A. *Kumpf* spricht aber auch hier die unbequeme Wahrheit aus, wenn er sagt, daß sich in der Lehrbuchtherapie der Gaumenmandeln zwischen den 20er und 30er Jahren bis heute nicht viel geändert hat – außer den beiden Medikamentengruppen.

Anfügen könnte man noch, daß die Operationstechnik vom Kappen zugunsten der heute möglichst vollständigen Exstirpation der Tonsillen »fortgeschritten« ist.

In einem persönlichen Brief schreibt mir Dr. A. *Kumpf,* daß er über die Mandeln zum lymphatischen System gekommen sei und ihm zur Lösung des **Mandelproblems** die Beschäftigung mit dem **gesamten Lymphsystem** nötig erschien. Daß dies eine umfangreiche Arbeit ist, kann man an den Publikationen von Dr. A. *Kumpf* ebenso ermessen wie am Umfang des lange nicht mehr aufgelegten Buches »Lymphsystem und Lymphatismus«, herausgegeben von dem außerordentlich um dieses Thema bemühten Arzt Dr. M.J. *Zilch* (1963 im Ambrosius Barth Verlag, München). *Kumpfs* Lebenswerk war sein Kampf für die gerechtere Sicht des Mandelproblems und eine bessere konservative Therapie. Und wörtlich sei mir der Wichtigkeit wegen erlaubt, aus seinem Brief zu zitieren:

»Ich habe mich bemüht, aus der etablierten Forschung eine Grundlage für die Naturheilkunde usw. zu erarbeiten. Es besteht allerdings zur Zeit wenig Hoffnung, daß die Ärzte und ihre Medizin einen neuen Weg suchen. Erst muß die moderne Medizin ad ab-

surdum geführt werden. Ob es dann zu spät ist?«
Das war 1971.
Mandeloperationen stehen weitaus an der Spitze aller chirurgischen Eingriffe, in den Industriestaaten machen bis zu 20% der Bevölkerung diese Prozedur mit. Ein angelsächsischer Autor bezeichnet die nicht indizierte Mandeloperation als den »häufigsten und flagrantesten Mißbrauch in der Medizin«. Die Popularität ist mit schuld: Oft wird auf Druck bzw. Wunsch des Patienten oder der Eltern exstirpiert. Man kann sagen, es ist ein Massenritual in manchen Gegenden, ähnlich der Appendektomie, das in keiner echten Beziehung zur Prophylaxe oder Therapie von Krankheiten steht. Von Zeit zu Zeit unterziehen sich dann auch Prominente einer Operation, was nach McNeil in der Folge zum Anschwellen der Operationszahlen führt. Schauen wir uns einiges in Stichworten an:

– Ablehnung einer Tonsillektomie führt häufig zum Arztwechsel.

– Seelische Konflikte suchen in der Operation ihr Gewaltheilmittel.

– Gegendweise verschieden: 1 : 10, sogar 1 : 27 in England, in Kanada 1 : 6

– Kleine Gruppe von Ärzten führt eine unverhältnismäßig große Zahl von Operationen durch.

– Mandeloperationen nehmen in England mit Einkommenshöhe zu. In einer vornehmen Schule (Eton) 83% der neuen Schüler unter 13 Jahren ohne Mandeln; ein großes Landschulheim, Mädchen reicher Eltern: 57%. – Von einem Engländer 10% der Operationen als sinnvoll angegeben.

– In einer Reihe von Befragungen ergab sich bei 1000 Tonsillektomien, daß 42% der Patienten nicht den geringsten Nutzen davon hatten.

1. Die relative Indikation zur Tonsillektomie

A) Eine derartig **hochgradige Hyperplasie** des tonsillären Gewebes, daß beide Gaumenmandeln sich in der Mitte berühren. Operationen also nur dann bei nicht entzündlicher Vergrößerung, wenn die Mandeln so stark vergrößert sind, daß sie eine mechanische Behinderung für Schlucken, Sprechen und Atmen sind. (Mundatmung – Schafsgesicht, das sind uns bekannte Phänomene. Man sollte bei dieser Gelegenheit darauf hinweisen, daß Mundatmung auch durch zu kurzzeitiges Stillen des Säuglings gefördert wird: je früher das Kind mit dem Löffelchen ernährt wird, desto eher wird Mundatmung begünstigt. – Im übrigen führt die Entfernung der Rachenmandel zwecks Beseitigung der Mundatmung zur Enttäuschung.)
Man bedenke, daß die Tonsillen im Kindesalter physiologischerweise groß sind. Man überzeuge sich außerdem, ob die Hyperplasie wirklich chronisch ist. Es ist bemerkenswert, wie sehr die Tonsillen bei akuten Entzündungen an- und nachher abschwellen können. Vor dem 4. Lebensjahr soll man mit der Indikation zur Tonsillektomie

schon deshalb sehr zurückhaltend sein, weil vor allem bei Kleinkindern nach der Operation gar nicht selten die übriggebliebenen Teile des Waldeyerschen Rachenringes zu hypertrophieren beginnen. Im übrigen soll die Größe schon deshalb allein kein Operationsgrund sein, weil im Laufe der Jahre, besonders in der Pubertät, bei der großen Mehrzahl rein hypertrophischer Tonsillen eine spontane Rückbildung und Verkleinerung erwartet werden kann.
Wenn man im April 1984 in der »Süddeutschen Zeitung« liest, daß »Kinder im Rhein-Main-Gebiet häufiger vergrößerte Mandeln sowie vergrößerte Halslymphknoten aufweisen als ihre Altersgenossen in sog. Reinluftgebieten«, erstaunt einen dies wenig. Es wundert schon nicht mehr, wenn in diesem Zusammenhang der Umweltminister Karl *Schneider* in Wiesbaden mitteilt, daß diese Studie außerdem eine verzögerte Knochenbildung bei Buben im Belastungsgebiet Rhein-Main feststellt.

B) Häufig rezidivierende Tonsillitiden

Die chronische, herdverdächtige Tonsillitis mit leicht ausdrückbarem Sekret, regionärer Drüsenschwellung, Temperatursteigerungen, Störungen im Befinden und Gedeihen, tonsillogene Streuungen und Peritonsillarabszesse verlangen chirurgische Sanierung.
Je jünger ein Kind, desto größer die Aussichten der konservativen Behandlung.

2. Die absolute Indikation

Septische Angina und die postanginöse Sepsis – alle übrigen Indikationen haben als relative zu gelten!
Vergegenwärtigen wir uns, daß weder die relative noch die absolute Indikation bei der Tonsillektomie gestellt wird. Die Gründe zur Operation sind oft anderer Natur: Das Kind kränkelt und stellt die Geduld auf die Probe. Die Eltern werden ängstlich. Die Umgebung, die Großeltern, Tante, Onkel und Nachbarn stellen fest: Es muß mit dem armen Kind etwas geschehen! Daß sie die Ursachen für das Kränkeln nicht in der Lebensweise (Ernährung, Abhärtung, häusliches und schulisches Milieu) sehen wollen, weil sie daraus Konsequenzen ziehen müßten, die die eigene Person betreffen, ist nur allzu menschlich und verständlich. Dazu kommen dann noch die Lehrerin und das Versagen in der Schule. Der Hausarzt verzweifelt über das Ausbleiben eines Erfolges seiner Therapie. Der zugezogene Facharzt und auch der Heilpraktiker sind in einer verzwickten Lage. Sollen sie die Eltern aufklären und beruhigen und die Operation für überflüssig erklären? Oder sollen sie den Weg des geringsten Widerstandes gehen?
Wir können mit dem Münchener HNO-Arzt Dr. *Kumpf* die Mandeloperation als »unspezifische Reiztherapie« bezeichnen. Und wir können mit ihm sagen, daß wir nicht geneigt sind, zu diesem Zweck Organe zu opfern. Warum also sollen die Mandeln eine Ausnahme bilden?

Fokus und Tonsillen

Zum pathogenetischen Prinzip eines Fokus gehört:
1. die Impulsivität
2. die Materialeinschwemmung in das umliegende Gelände.

Typisch ist, daß am Ort selbst, also tonsillär, keine Beschwerden sind, sondern an der Peripherie. Am Beispiel der rechten Mandel, aktiviert durch klimatisch-atmosphärische Belastung: Zunächst Störabfluß über den Truncus lymphaticus – Mamilla rechts – Niere rechts – Kniegelenk rechts – Phalangen I, II rechts. Ich beobachte in meiner Praxis besonders häufig die Betroffenheit der Nieren und Kniegelenke – die Causa prima, die Ursache aber sind die Tonsillen!
Der Facharzt für HNO-Krankheiten, Dr. med. H. *Heimann,* spricht sich – wie andere Autoren – ebenfalls für die Fokushierarchie 1. Zähne, 2. Tonsillen, 3. Nebenhöhlen aus. Er weist auf die Möglichkeit hin, daß die Narben ein erneutes Störfeld nach der Tonsillenentfernung bilden können. Hier hilft natürlich kein Rödern mehr. Ich habe (mit meinen Mitarbeitern) in meiner Praxis Erfolge und Mißerfolge durch das »Abspritzen« der Narben im Sinne der Neuraltherapie nach *Huneke-Dosch* sehen können. Wir modifizieren nach *Angerer* 1 ml Impletol plus 1 ml Cefasept möglichst exakt mitten in das Narbengewebe hinein, 1- bis 2mal in der Woche. Sogenannte

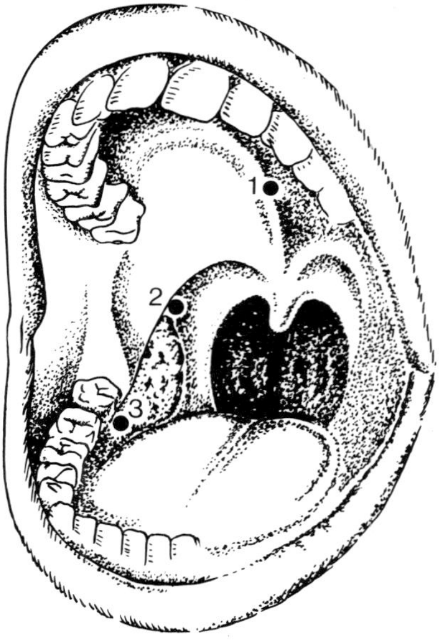

Abb. 6: Ausschaltung des Störfeldes »Tonsillen«; Injektion an die Tonsillenpole.
1 = Injektionsstelle für die Injektion an die Tonsilla pharyngea.
2 = Oberer Pol der Tonsilla palatina.
3 = Unterer Pol der Tonsilla palatina.

Sekundenphänomene haben wir äußerst selten erlebt – vielmehr bei Ausdauer und bis zu 4- und 6facher Wiederholung Besserungen der fokalabhängigen Beschwerden. Allerdings verlasse ich mich nur ausnahmsweise allein auf die Neuraltherapie, setze vielmehr phytotherapeutisch Echinaceatinktur hochdosiert ein (3 × 30–50 pro die), Meditonsin »Medice« bei akuter Seitenstrangangina 1- bis 2stündlich 20 gtt. unverdünnt bzw. Mercurius cyanatus Oligoplex »Madaus« 3- bis 5mal täglich 15 gtt. (H. *Heimann* erwähnt übrigens die Schwierigkeit, Tonsillen so zu entfernen, daß keine Reste zurückbleiben. Ich konnte allerdings nur in Ausnahmefällen sehen, daß eine spätere Nachoperation vorgenommen wurde und auch noch erfolgreich war.)
Die Wichtigkeit der Herdsanierung – ob konservativ oder chirurgisch – ist heute von vielen in ihrer Bedeutung erkannt. Trotzdem taucht immer wieder die Frage auf, welche Krankheiten denn mit einem Fokus zusammenhängen können. Lassen wir nochmals einen Fachmann, Dr. med. H. *Heimann,* zu Wort kommen:
»Für eine Herdtherapie kommen folgende Krankheiten in Betracht:
1. Nichtimmunologische Erkrankungen, wie funktionelle Störungen, vegetative Dystonie, larvierte Depression, latente Tetanie, Kreislaufbeschwerden hypotoner und hypertoner Natur.
2. Gestörter Heilverlauf bei bekannter spezifischer Ursache, wie Hepatopathien nach Hepatitis, Pankreopathien, chronisch bakterielle Harnweginfektionen ohne Nierenschädigung.
3. Erkrankungen vom Typ der soforttigen Allergie, wie Heuschnupfen, urtikarielle Allergosen, allergisches Ekzem, Quincke-Ödem, Asthma bronchiale und asthmatische Bronchitis.
4. Erkrankungen vom Typ der verzögerten Allergie, wie Weichteilrheumatismus, seronegative Oligo- und Polyarthritis, multiple Sklerose und rheumatische Herzerkrankungen.«
Dr. med. H.O. *Popp* stellt fest, daß

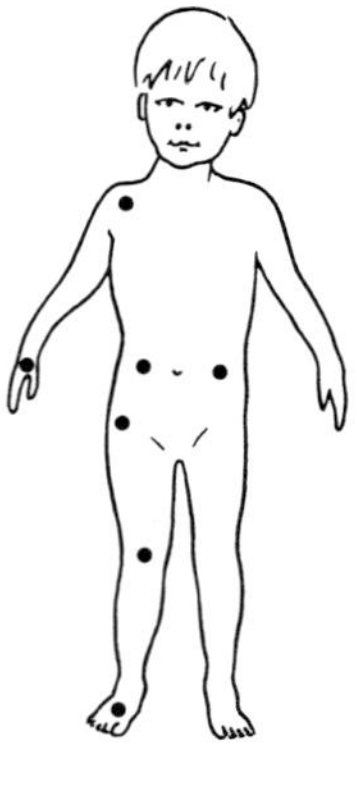

Abb. 7a: Fokalsituation der rechten Tonsille zum Organismus:
- rechte Schulter
- beide Nierensysteme (beide Nebennieren)
- rechte Hohlhand
- rechte Hüfte
- rechtes Knie
- rechter Mittelfuß

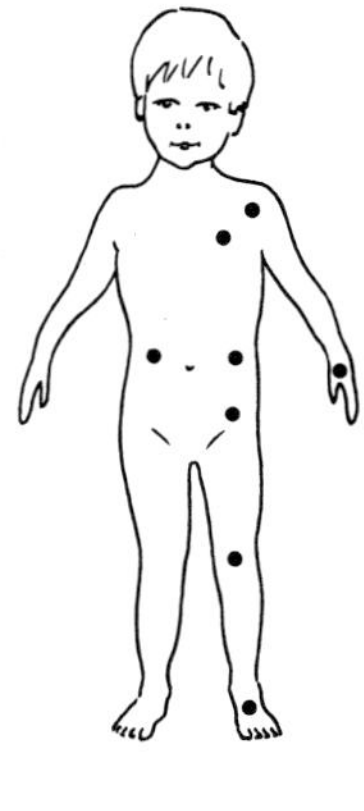

Abb. 7b: Fokalsituation der linken Tonsille zum Organismus:
- linke Schulter
- Herz
- beide Nierensysteme (beide Nebennieren)
- linke Hohlhand
- linke Hüfte
- linkes Knie
- linker Mittelfuß

90% der Kinder, die zu Erkältungskrankheiten neigen, **Schwellungen an den Halslymphknoten** haben (auch rät er zur Abtastung der Leistenlymphknoten). Er weist darauf hin, daß die lymphatischen Erkrankungen im 20. bis 30. Lebensjahr zusehends abnehmen und schließt: »Es scheint die Annahme berechtigt, daß hormonale Einflüsse eine konstitutionelle Umstellung bedingen, die sich auf den Lymphatismus auswirkt.« Wichtig – nur zu wenig berücksichtigt – finde ich seine weiteren Ausführungen: »Im höheren Lebensalter treten bei lymphatisch Belasteten häufig Tracheobronchitis und Sinusitis auf. **Jugendliche und Erwachsene mit lymphatischer Diathese sind oft widerstandsschwach gegenüber Herdfolgeerkrankungen.** Es handelt sich bei Erwachsenen in erster Linie darum, den Herd ausfindig zu machen. Sie unterliegen sehr rasch und nachhaltig der Einwirkung des Herdes.« Auch erwähnt H.O. *Popp* die Wetter- und Klimaabhängigkeit lymphatischer Manifestationen (neuralgisch-rheumatische Beschwerden bei Witterungswechsel). Als Basismittel empfiehlt er schließlich Tonsilgon (Bionorica, Nürnberg), aber auch »eventuell Umstellung der Ernährung auf Vollkornbrot, Obst, Gemüse. Für die Kinderpraxis sind Einschränkungen oder besser Verbot von Süßigkeiten wichtig. Soweit möglich sind klimatische Heilkuren, Milieuwechsel mit Reizklima einzuschalten... Nordseeklima ist einem Gebirgsaufenthalt im allgemeinen vorzuziehen«.

Hören wir einen weiteren Herdspezialisten und sog. biologischen Arzt, Dr. Dr. med. H. *Schimmel:*
»Eine chronische Tonsillitis mit fokaltoxischen Auswirkungen kann Ursache von Kollagenosen sein: Sklerodermie, rheumatische Polyarthritis, Dermatomyositis etc. Das gleiche gilt für autoaggressive Erkrankungen, z.B. primär chronische Polyarthritis, autoaggressive Myokarditis etc.
Als bekannteste Herderkrankungen im Zusammenhang mit einer chron. Tonsillitis, welche wiederum auf eine Streptokokkenallergie zurückgeführt werden können, gelten der Gelenkrheumatismus, die rheumatische Endo-, Myo- und Perikarditis sowie die Glomerulonephritis.
Darüber hinaus kennen wir aus der Praxis noch multiple andere Erkrankungen, die von Herden gesteuert werden können. Erinnert sei an die Trigeminusneuralgie, Ischiasneuralgien und Neuritiden. Unklare hämatologische Erkrankungen mit Linksverschiebungen, Prostatitiden, Adnexentzündungen, Pankreasaffektionen und viele mehr. Ein Fokus besteht nach Pischinger aus nicht abbaubarem Material im Bindegewebe und kann jederzeit sowie überall im Organismus eine Störung verursachen.«
(Aus: Acta Biologica, Zeitschrift der wiss. Abt. der Pascoe GmbH Gießen/Lahn, XIV, 20.12.1975, Nr. 3: »Bewährte Therapierichtlinien bei chronischen Erkrankungen – Zur chronischen Tonsillitis«, 3. Forts.)
Obwohl mir bekannt ist, daß gerade der eben zitierte H. *Schimmel* seit

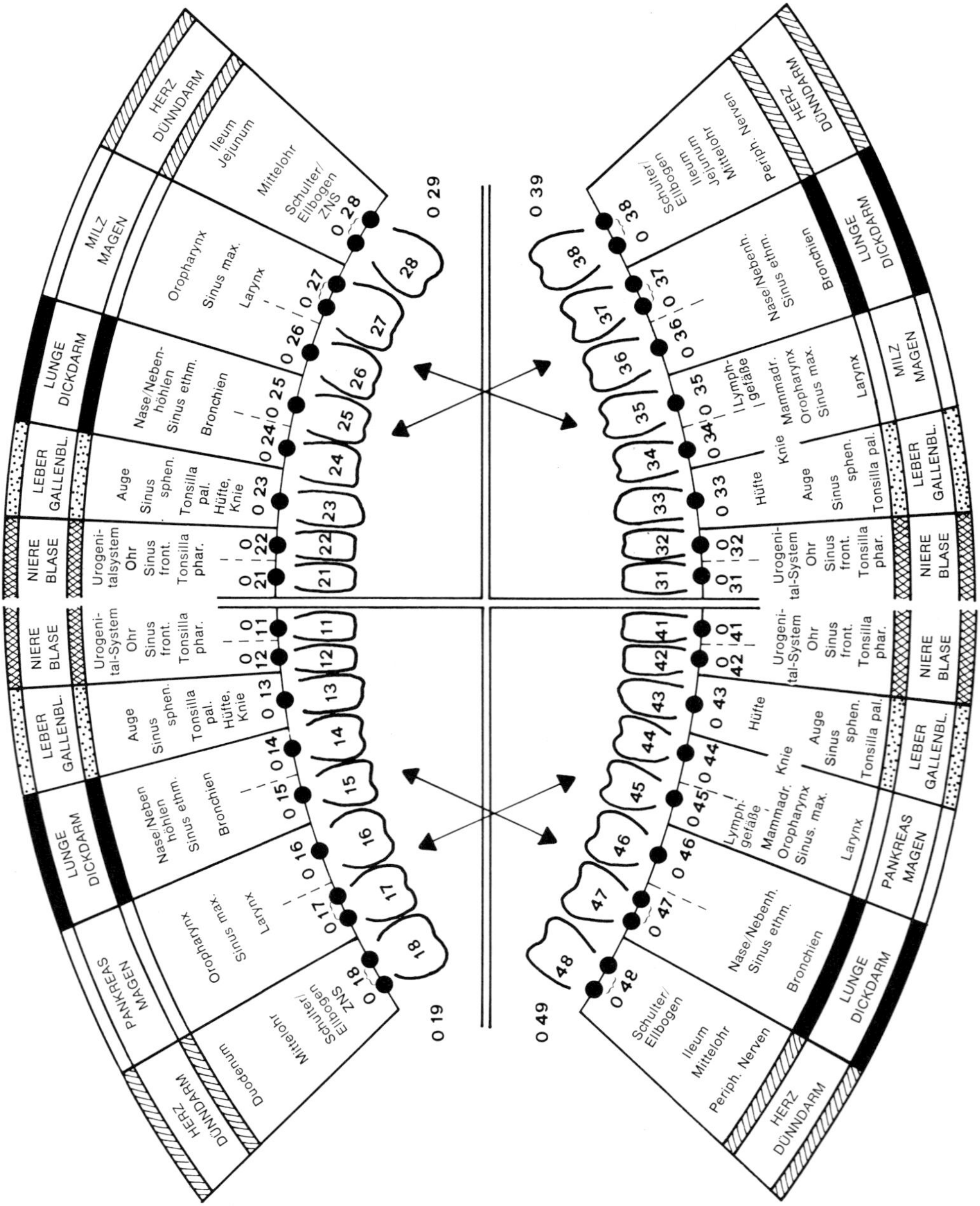

Abb. 8: Die Beziehungen der fünf Funktionskreise zu den Vestibulumpunkten, den Zähnen und Paradontien.

Jahrzehnten sehr ernsthaft Fokaltestung mit verschiedenen Methoden durchführt, sei auch A. *Kumpf* mit seiner eher testabwertenden Ansicht gehört. Jeder, der dieses Buch liest, weiß sowieso, daß man gerade auf dem Tonsillensektor unwahrscheinlich divergierende Meinungen »verkraften« muß:

»Es fällt auf, daß immer und immer wieder versucht wird, geeignete und zuverlässige Testmethoden ausfindig zu machen, um die für eine Herdsanierung aussichtsreichen Patienten zu eruieren. Dies spricht doch zunächst dafür, daß die Anhänger der Herdlehre gar nicht so zufrieden sein können, als aus den euphemistischen Erfolgsstatistiken zu entnehmen ist. Übrigens hat man bereits vor 20 und 30 Jahren von 80% und mehr Heilungen lesen können. Um nun die Statistik noch um einige wenige Prozent zu verbessern, wären gewiß die Anstrengungen zum Auffinden immer neuer hämatologischer, physikalischer, bakteriologischer, serologischer, immunologischer und biologischer Testmethoden kaum zu rechtfertigen. Immer wieder wird nach einem gewissen Intervall die Nutzlosigkeit aller dieser Tests betont. Wenn sich nun mit der Erarbeitung von Testmethoden wenigstens etwas Brauchbares für die Grundlagenforschung auf dem Gebiet der Mandelerkrankungen ergeben hätte. Davon kann aber nicht die Rede sein. Offensichtlich ist es dem HNO-Fach nur ganz selten geglückt, geeignete Tests und Versuchsmodelle zu erarbeiten. Ein bekannter französischer Lymphgewebsforscher beklagt dies sehr, da man eigentlich ganz von vorne anfangen muß.«

(Aus: »Der Deutsche Apotheker«, Sonderdruck, Heft 4, April 1971: »Wer ist für die Mandeln zuständig?« von Dr. med. A. *Kumpf*)

Konstitution, Diathesen und therapeutische Konsequenzen

Den Boden für die tonsilläre Streuung bildet die lymphatische Konstitution. Diese ist eng verknüpft mit
1. der katarrhalischen Diathese (= Schleimhautüberempfindlichkeit)
2. der tuberkulinischen Diathese (= Kochsche Diathese)
3. der allergischen und
4. der rheumatischen Diathese.

1. Die katarrhalische Diathese (Abb. 1)

Betroffen sind die *Lymphknoten* und die *Schleimhäute im Kopfbereich.* Zu Beginn ist meistens die Rachenmandel hypertroph: Daraus resultieren »Schafsgesicht«, Mundatmung und in ausgeprägten Fällen geistige Retardierung. Homöopathisch kann Barium carb. D3 und Calcium carb. D6 oder Calcium phosph. D6 versucht werden. Die Operation der Rachenmandel ist oft nicht zu umgehen. Eine Nachbehandlung mit den eben angegebenen Mitteln und Cefalymphat »Cefak« sowie Lymphozil »Cesra-Redel« ist unentbehrlich. Polypen der Nase reagieren ebenso wie eine vergrößerte Rachenmandel schwer auf Medikamente. Thuja Oligoplex Madaus kann man versuchen: 3×5 – 7 – 10 Tropfen, je nach Alter.

Die Gaumenmandeln (Tonsillen) dürften normal oder vor allem hypertroph sein bei der lymphatischen Konstitution mit katarrhalischer Diathese; die Halslymphknoten, besonders in jungen Jahren, deutlich tastbar.

Aus meiner Sicht ist die Wichtigkeit, diese Situation zu behandeln, deshalb so groß, weil sich eben die weiteren Diathesen durch die ständige Schleimhautüberempfindlichkeit zwangsläufig entfalten. Rödern (bei Kindern leider kaum möglich), Kneippsche Abhärtungstherapie, medikamentös Tonsiotren, Tonsilgon, Sinupret und besonders Symbioflor I zur »Aufforstung« der Mund-Rachenflora, Gurgeln mit lauwarmem Wasser und 1 Tropfen Japanisches Heilpflanzenöl »Rödler« oder Lacuprin »Galmeda«. Ernährungsumstellung, wann immer man auf offene Ohren stößt: weniger Fleisch- und Milchprodukte, mehr Frisch-Rohkost.

Bei der akuten Tonsillitis hilft Meditonsin »Medice« stdl. 20 gtt. unverdünnt oft erstaunlich schnell – wenngleich eben vorwiegend symptomatisch und die Wirkung auch bald nachläßt. Echinacin 1 Amp. tägl. i.m., 1- bis 2stündlich 20 gtt. intern Cefasept 50,0, dann mehrmals tgl. 30 gtt. – Phytolacca D4–6 (bes. rechts wirksam) oder Belladonna D4–6.

Bei der Chronizität sei auf Agnus castus (Keuschlamm) hingewiesen, eine Pflanze, die besonders die Verbindung Tonsillen–Gonaden im Arzneibild hat. Das jahrzehntelang bewährte Monopräparat Agnolyt wäre zu nennen – ebenso wie Agnus castus D1, D2 oder Agnus castus Oligoplex. Die wichtige Achse Tonsillen–Gonaden ist in der gegenseitigen Beeinflussung zu sehen. Empirisch kann man vermuten, daß Zusammenhänge bestehen, die wir heute noch nicht übersehen. (Es sei darauf hingewiesen, daß Phasen stärkerer sexueller Reizung in den Kinder- und Jugendjahren mit stärkerer Aktivität der Tonsillen einherzugehen scheinen. Auch wird immer wieder davon gesprochen, daß, wenn schon die Tonsillektomie nicht zu umgehen sei, sie wenigstens nicht vor Vollendung des ersten bzw. zweiten Siebenerzyklus – 7. bzw. 14. Lebensjahr – vorgenommen werden sollte. Meines Wissens nach ist das Psychogramm – besonders in Hinsicht auf die Sexualität – des »Tonsillitikers« noch nicht geschrieben!)

So wie das Tonsillenproblem nicht ohne die Behandlung der Nasengänge von *Röder* angegangen wurde, ebensowenig können wir das Mittelohr und die Nasennebenhöhlen ausklammern.

Die vielfache Affektion des Mittelohrs bis hin zur ausgewachsenen Otitis media und anschließend der Übergang in die Chronizität erfordern:

1. ein heißes Heublumensäckchen oder heiße Kartoffeln im Säckchen auf das Ohr
2. ein Cantharidenpflaster hinter das Ohr mit möglicher Reinjektion des Blaseninhalts
3. neuraltherapeutisch 1 ml Impletol bzw. Formicain und 1 ml Cefasept an den Processus mastoideus
4. Wärmebestrahlung des Ohrs
5. Andampfung mit Kamillentee
6. innerlich Otovowen von »Vogel & Weber«, Capsicum Oplx.

Die Nasennebenhöhlen (sinus frontalis und maxillaris) sollen täglich bzw. 2tägig mit Andampfung unter Benützung des Dr. Kumpfschen Inhalationstees behandelt werden:

Rp. Strobuli Lupuli
Flor. Lavandulae
Hb. Thymi
Hb. Absinthii
Fol. Rosmarini $\overline{aa}$ ad 100,0
M.S.: 1 Eßl. auf 2–3 l Wasser zur Inhalation

Cinnabaris D4–6 (Zinnober!), Cinnabaris Ptk. »DHU«, Sinuselect, Sinupret, Sinfrontal, Sinapis Oplx. und Jodum Oplx. haben sich mir in vielen Jahren gut bewährt. Nach Koll. J. *Broy,* München, lohnt der Einsatz der biochemischen Mittel:

1. Ferrum phos. D12 bei wässerigem Sekret (Fließschnupfen – auch Cepa D4)
2. Kalium chlor. D6 bei etwas zäherem (farblosem) Schleim
3. Kalium sulf. D6, wenn das Sekret etwas gelblich wird.

Ein sorgfältiger Zahnstatus ist hier besonders wichtig – die Brennpunkte sind 1 3, 1 4, 1 5 und 2 3, 2 4 und 2 5 – also alles Oberkieferzähne. Auf impaktierte Weisheitszähne muß geachtet werden.
Diagnostisch sei darauf hingewiesen, daß Dr. E. *Adler* in seinem Buch »Erkrankungen durch Störfelder im Trigeminusbereich« auf schmerzhafte Druckpunkte rechts und links am Querfortsatz des 2. Halswirbels hinweist bei einer evtl. Stirnhöhlenbeherdung und auf solche von C III bei möglicher Oberkieferbelastung. Wenn E. *Adler* und Prof. K. *Kötschau* recht haben, dann sprechen die so überaus häufig anzutreffenden hyperalgetischen Punkte am oberen Trapeziusrand für eine Tonsillenbelastung. Injektionen von 2 ml Formicain als Quaddel und anschließend in das Zentrum der Gelose sind ebenso nützlich wie Massagen, die sicher auch zur Verbesserung des Lymphabflusses aus dem Kopfbereich beitragen. (Die Nützlichkeit der Lymphdrainage nach Dr. *Vodder* soll nur der Vollständigkeit halber erwähnt sein.)
Chiropraktische Maßnahmen sind bei allen diesen Situationen in Betracht zu ziehen.
Es muß auch manchmal darauf hingewiesen werden, daß Penizilline sowohl bei der akuten als noch mehr bei der chronischen Tonsillitis wertlos sind – hingegen keine Frage der Notwendigkeit stellt sich beim Mandelabszeß.
Die Skrofulose der Kinder gehört zum Lymphatismus. A. *Kumpf* weist darauf hin, daß sich das Lymphsystem in

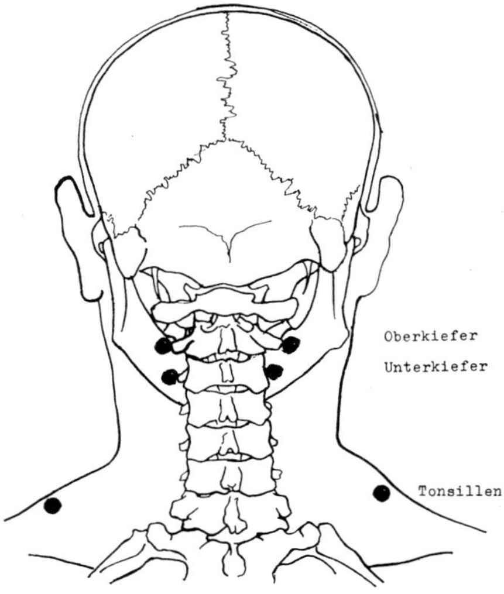

Abb. 9: Die Schmerzdruckpunkte (»Zahnpunkte«) an der Halswirbelsäule.

allen seinen Funktionen erst ausbilden muß – die Abwehrfunktion vor allem. Der Ausdruck Skrofulose leitet sich vom griechischen Scropha ab und heißt soviel wie Mutterschwein. Wenn man zu beiden Seiten der HWS diese Knoten tastet, die ähnlich einer Perlenschnur sich entlangziehen, kann man die Assoziation mit den aufgereihten Brustwarzen eines Mutterschweins verstehen. – Die Mütter der Kinder sind verständlicherweise beunruhigt – man kann sie im allgemeinen wegen dieser Schwellungen beruhigen. Lymphozil, Cefalymphat, Lymphomyosot, Thujazyn, Agnus castus Oplx., Lymphdiaral-Tropfen und -Salbe – das sind nur jene Mittel, die sich mir persönlich in vielen Fällen bewährt haben.

Wenn der Lymphatismus die weibliche Brust vorwiegend betrifft, dann ist frauenfachärztliche Untersuchung vorausgesetzt. Glücklicherweise ist nicht jedes Knötchen ein Krebs – aber daß es abgeklärt sein muß, versteht sich allmählich von selbst. Tonsillenbehandlung an erster Stelle! Bei schon entfernten Gaumenmandeln Neuraltherapie der Narben, ins Gewebe mitten hinein 1 ml Impletol und 1 ml Cefasept gemischt, mit langer Nadel, einmal wöchentlich. Wahlweise Agnolyt, Mastodynon, Thujazyn i.m., nach J. *Angerer* Cefalymphat und Cefaktivon novum je 1 Ampulle i.v. oder i.m., Lymphdiaral-Salbe äußerlich. (Hingewiesen sei auf den Aufsatz von J. *Angerer* »Das Antlitz des Lymphatikers« in der »Naturheilkunde« 10/1955.) Über die Antibabypille muß mit den Betroffenen gesprochen werden.

Ob man den Frauenärzten die Behandlung des einfachen Fluors (Fluor simplex, Fluor albus) statt nur mit Zäpfchen auch mit internen Mitteln empfehlen darf?

Katarrhalische Diathese – damit ist vor allem die Reaktion der Schleimhäute gemeint, und so gesehen ist ein Fluor ein Katarrh. Cefagyn, Santalum Oplx. im Wechsel mit Chenopodium Oplx., Taubnesselblütentee (Flores Lamii albi – 1 Teel. auf 1 Tasse Wasser Infus), Gynaecoheel. Bei ovariellen Reizungen (Achse Tonsillen wiederum!) habe ich von den wenigen naturheilkundlich eingestellten Gynäko-

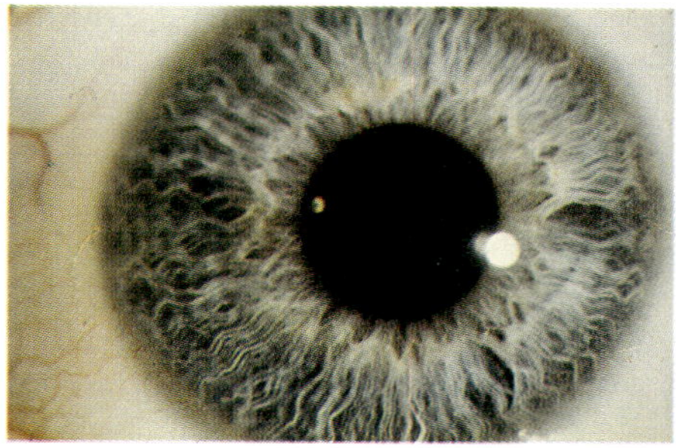

Abb. 10: Rechte Iris, männlich, 15 Jahre, lymphatisch-katharrhalische Diathese.

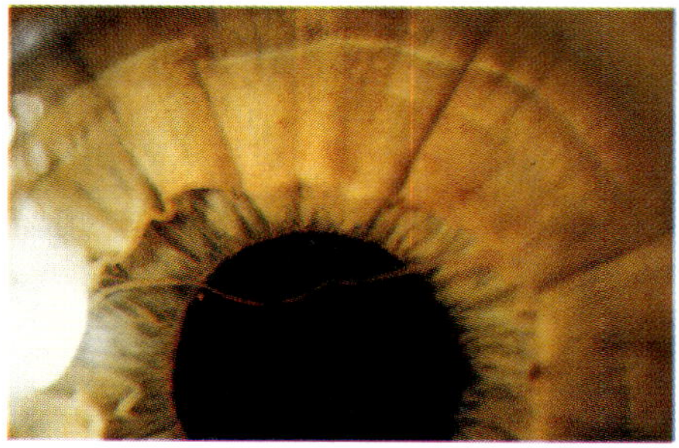

Abb. 11: Rechte Iris, weiblich, 34 Jahre, tuberkulinische Diathese.

logen Positives gehört mit Gynaecoheel, Esberitox (beides auch i.m.). Der rechte Eierstock reagiert angeblich auf Apis D4, der linke auf Lachesis D12.

Zum lymphatischen System wird auch der Blinddarm, Appendix, gezählt. Auch hier hält die BRD einen traurigen Rekord: Nirgendwo werden so viele Blinddarmoperationen durchgeführt wie gerade bei uns! Hier ist natürlicherweise nicht die Kritik an der akuten Appendizitis, vielmehr am sog. »chronischen Blinddarm«, der vielfach sich als ein Phantom erweist. Warum? Ganz einfach, weil man in der Praxis 3 Monate später mit genau denselben Beschwerden konfrontiert wird wie vor der Operation. (Dann muß man zu Schlagwörtern wie »Colon irritabile«, »Reizdarm« etc. greifen.) Blähungsfreie Ernährung, trotzdem Ballaststoffe – es wird die Kunst des Diätetikers sein, dies beides zusammenzubringen! Gesäuerte Milch statt süßer Milch – Milchzucker. Aufforstung der Darmflora (Mutaflor, Colibiogen, Omniflora, Symbioflor II, Perenterol – das ich persönlich sehr bevorzuge). Ich kann es nicht sagen, warum es so ist, ich muß nur konstatieren, daß es so ist, daß der Lymphatiker – wie auch andere Menschen mit einer bestimmten Krankheit – in ihrer Lebensführung gerade das bevorzugen, was ihnen am wenigsten zuträglich ist. Das geht eben beim Essen bei den Kindern schon an: Brezeln, Limonade, Zucker, Kuchen, Süßigkeiten, Fleisch: Davon allein würden sich die meisten lymphatischen Kinder mit Vorliebe ernähren. Das, was sie in Wirklichkeit brauchen, lehnen sie weitgehend ab: Rohkost (Salate und Rohgemüse), Vollgetreide, Gemüse, Obst, gesäuerte Milchprodukte, Sojaerzeugnisse.

Es entbehrt nicht der Tragik, daß der lymphatisch stigmatisierte Mensch auch psychisch schwer aus seinem Muster heraus kann: Seine Trägheit, seine Bequemlichkeit, seine weißhäutige Weichheit, seine flüssige Quelligkeit und seine infantile Psychostruktur nimmt er auch – wenn das Schicksal es zuläßt – in das Erwachsenenalter mit hinein. Wievielen unzähligen infantil-lymphatischen Menschen – weiblichen Geschlechts fast noch mehr – begegnet man in einem Lebensalter, wo das längst strukturiert, geformt und »entwässert« sein müßte – im physischen wie im psychischen Bereich!

Die Straffung könnte erreicht werden mit vorsichtiger Abhärtung, mit Kneippschen Güssen, mit Meeresaufenthalten, mit Trockenbürsten und Luft-Sonnenbädern, mit Bewegung, Gymnastik und Sport ebenso wie mit Hochgebirgsaufenthalt auch im Winter (oder gerade im Winter!). Paradoxerweise ist natürlich ausgerechnet der Lymphatiker selten ein Bergsteiger oder Skifahrer – vielleicht noch ein Schwimmer.

Hat der blauäugige und weißhäutige lymphatische Mensch weder Mandeln noch Blinddarm mehr, rutscht er von einem Infekt in den anderen, hilft ihm zuweilen eine Desensibilisierung mit Tiergiften plus Eigenblut weiter: Horvi-Schlangengifte haben sich hier ebenso bewährt wie Formicain, Rufebran u. a.

2. Die tuberkulinische Diathese (Abb. 2)

Natürlich ist die Tuberkulose in Mitteleuropa entdämonisiert (der augenblickliche Dämon ist der Krebs). Als Erbträger findet sich aber nahezu in jedem von uns aus der Eltern- und

Großelternreihe jemand, der Tbc hatte. Man muß annehmen, daß viele von uns einen tuberkulinischen Infekt durchgemacht haben: Rezidivierende kindliche Bronchitiden, ewig bellender Husten, ständige Rotznase bei den zarten, blaß-bleichen, dünnen, blutarmen Geschöpfen. (Die Homöopathen sprechen vielfach vom Phosphorus-Typ – als dem passenden Arzneimittel.) Hell im Kopf, »Grips«, sensibel, hellwach – aber die Hülle ist »windig« für diese menschliche Daseinsform. Der Irisdiagnostiker spricht mit A. *Maubach* vom »Phänomen des gekämmten Haares« – wenn die Irisfasern gebündelt leicht wellig verlaufen – und vom »Kochschen Faden«, wenn der Iriskrausenrand etwas abgelöst und teilweise flottierend im vorderen Kammerwasser zu sehen ist. Manchmal spannt sich so ein Faden, versehen mit einem kleinen »Cocon«, quer über die Pupille. Man darf meines Wissens davon ausgehen, daß eine genetisch bedingte Entwicklungsstörung durch tuberkulinische Erbgifte vorliegt, die sich – wie insbesondere die Lehre der Homöopathie annimmt – auf die Konstitution und die Diathesen auswirkt.

Eine einmalige oder erst nach Monaten wiederholte Tuberkulinum-Nosoden-Gabe (D 1000 z. B.), Spenglersan-T-Einreibungen und Umckaloabo (ISO, Regensburg) über einen längeren Zeitraum (¼ Jahr z. B.).

Bekannt wird häufig erst im Erwachsenenalter, daß eine Hilus-Tbc im Kindesalter durchgemacht wurde – eben zu jener Zeit, während welcher das Kind einen Winter lang aus seiner Bronchitis und Infektanfälligkeit mit Fiebertagen nicht herauskam. Tee mit kieselsäurehaltigen Drogen wie Zinnkraut, Vogelknöterich, Ackerhohlzahn und Spitzwegerich wurde schon von dem von S. Kneipp inspirierten Bad Wörishofener Apotheker L. *Kroeber* propagiert. Mein eigener Rezeptvorschlag:

Rp. Hb. Equiseti arv.
Hb. Polygoni avic.
Hb. Plantaginis lanc.
Hb. Galeopsidis ochrol. aa ad 1500
M.S.: 1 Eßl./2 Ta. Wasser, 5 Min. kochen, 10 Min. ziehen lassen.

Ansonsten ist phytotherapeutisch an das Teucrium scorodonia et chamaedrys, der Salbeigamander, ein europäischer Lippenblütler, gedacht: ∅ – D 3, 3 × 10 Tropfen.

Diese Polypragmasie kann zum Ziel führen – nicht überzeugen konnten mich über all die Jahre jene Homöopathen, die in der Vorstellung leben, 3 Kügelchen der Nosode Tuberculinum würden es »bringen«. So einfach erlebe ich die Heilkunde leider nicht!

3. Die allergische Diathese (Abb. 3)

Sie kann ebenfalls unter dem Begriff der lymphatischen Konstitution auftreten bzw. eine der möglichen Auswirkungen sein. Nur in wenigen Stichworten soll erwähnt sein:

a) der augendiagnostische Hinweis der Limbusvaskularisation (erhöhte Gefäßinjektion am Irisrand)
b) die Desensibilisierung mit Eigen-

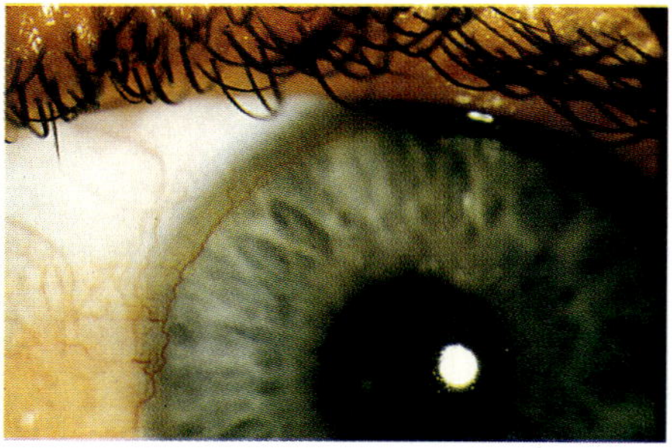

Abb. 12: Linke Iris, männlich, 34 Jahre, allergische Diathese.

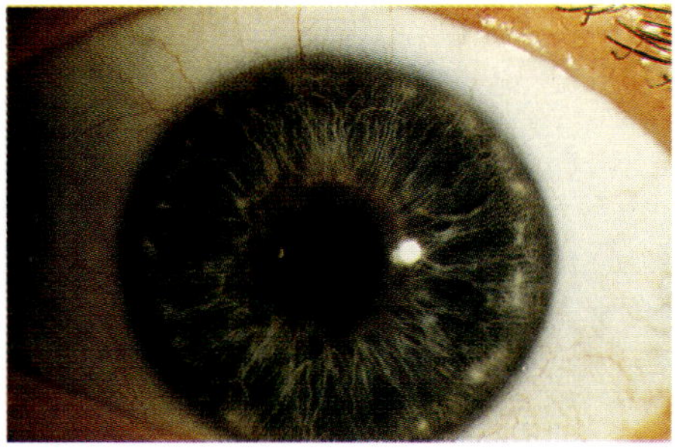

Abb. 13: Linke Iris, weiblich, 46 Jahre, rheumatische Diathese

blut plus homöopathischen Tiergiften (Schlangen- und Ameisengift)
c) massive (Calcium frubiase Ampullen per os, Calcium Sandoz forte Brausetabletten, Osspulvit etc.) und homöopathische Kalziumgaben (Calcium phos. oder Calcium carb. D6, D12)

4. Die rheumatische Diathese (Abb. 4)

Hierbei möchte ich nochmal – die Nichtaugendiagnostiker mögen es verzeihen – auf ein iridologisches Phänomen hinweisen, nämlich auf die Wattebäuschchen in der äußeren (4.) Iriszone, auch mit dem homöopathischen Mittel bei Erkältungen, Eupatorium perfoliatum, in Verbindung gebracht. Feuchtigkeit, Auskühlung, Nebel, Kunstfaserkleidung: Der mit rheumatischer Diathese Belastete braucht äußerlich und seelisch Wärme! Mittelmeerbadeaufenthalt statt Nordsee, viel Kräutertee und Mineralwasser, eine überwiegend basische Ernährung. (Man erinnere sich auch immer wieder des Hinweises von J. *Angerer:* Spätestens ab dem 40. Lebensjahr muß die Kost vorwiegend basisch sein.) Gerner Rheumatee, Gerner-transit-Tropfen, Basica Dr. Klopfer, Uriginex Repha, Uraemonal neu sind die Medikamente, die sich zur Entsäuerung bewähren. Einen einfachen Rheumatee (»Blutreinigung«) entnehme man dem Buch »Teerezepte« von G. *Lindemann:*

Rp. Hb. Urticae 30.0
Rad. Urticae 30.0
Fol. Betulae 40.0
M.S.: 1 Eßl./1 Tasse Wasser Infus,
15 Min. ziehen lassen.

Nicht genug hinweisen kann ich auch in diesem Zusammenhang auf das Buch von H. *Honegger* »Die antidyskratische Behandlung chronischer Krankheiten«, nach jahrelanger Pause glücklicherweise im K.F. Haugg-Verlag, Heidelberg, wiedererschienen.
Was im Kindesalter die katarrhalische

(1) und die tuberkulinische Diathese (2) sind mit ihren Auswirkungen, wird im Alter (schon ab 40) die rheumatische (4); die allergische Bereitschaft (3) hingegen kann einen Menschen das ganze Leben »begleiten«.

So haben wir auch beim Lymphatismus das Wandelbild der Erscheinungen. Um immer wieder die vielseitige Betrachtungsmöglichkeit zu zeigen, sei noch eine andere Einteilung vorgestellt: Dr. med. Walther *Zimmermann* spricht von der Schwierigkeit der »exakten Abgrenzung von Konstitution, Disposition und Diathese« wegen der fließenden Übergänge. Er erwähnt, daß der Pädiater A. *Czerny* den Diathesenbegriff – »der keine Krankheitsdiagnose, sondern nur eine Bereitschaft« aussage – eingeführt hat. Auch wenn ich in dieser Abhandlung Diathesen möglichst genau trenne, darf man sich in der Praxis natürlich nie »reine Bilder« vorstellen: Es ist ähnlich wie in der Homöopathie, wo zwar eine Frau eine ziemliche Kongruenz mit dem Sepia-Arzneibild haben kann – es werden aber ein paar Phänomene da sein, die sich (ohne Gewaltanwendung) nicht einordnen lassen. Wir gehen hier den phänomenologischen Weg von der Analyse zur Synthese – wir gehen quasi mit den möglichst strengen Charakterisierungen spagyrisch vor: zuerst trennen, dann zusammenfügen – das hat einen didaktischen Grund, weil sonst alles ins Schwimmen gerät.

W. *Zimmermann* zählt 5 Funktionskreise des Lymphatismus auf:

1. der tonsillo-pharyngeale
2. der thymo-lymphatische
3. der ultimobronchiale-thyreoidale
4. der adeno-hypophysäre
5. der parathyreoidale.

Er beruft sich in den Zusammenhängen auf eine »gleiche Basis in der ontogenetischen Entwicklung«.

Der lymphatische Mensch im Wechsel von Klimazonen, Wettereinflüssen und Jahreszeiten

Interessant ist, daß sich die Jahresdurchschnittstemperatur in den vergangenen 100 Jahren um ca. 2 Grad Celsius erhöht hat. Die Gletscher gehen deshalb zurück, die Flora breitet sich weiter nach Norden aus. Damit verändert sich aber auch die Bakterienwelt – der HNO-Arzt Dr. med. H.-E. *Wolf* aus Lohr am Main berichtete bereits 1962 darüber. Damit gibt es auch eine »Verschiebung der Bakterienwelt« nach Norden und Osten (Scharlach, akuter Gelenkrheumatismus, Tuberkulose) – gleichzeitig aber kamen und kommen Bakterien, Pilze und Viren zu uns, denen das neue Temperaturmilieu »paßt«: Mykosen, Hepatitis epidemica, Poliomyelitis, Coxsackie-Viren-Erkrankung, Proteus- und Leptospirosenbefall. Das Lymphsystem muß sich ständig den veränderten Situationen anpassen – und dazu kommt noch folgendes: Kontakt mit Bakterien, Pilzen und Viren durch Flugreisen in entfernteste Länder, schneller Klimawechsel durch häufige Reisen, z.B. alleine in 5 Stunden durch die Alpen von München an den Gardasee und retour. Mehrere Klimazonen werden allein heute durch so eine verlängerte Wochenend-Reise innerhalb von 3 bis 4 Tagen durchfahren: nördliches Voralpenlandklima in München, Kälte am Brenner, südliche Wärme (Hitze) nach der Salurner Klause hinter Bozen.

Bei Anginen vermehren sich bekanntlich bestimmte ruhende Bakterien schlagartig: bei feuchtwarmem Wetter z.B., während sie sich bei kaltem Wetter verringern. Wir beklagen deshalb in der Regel das sog. Übergangswetter und haben die Höhepunkte der »Erkältungswellen« meist nicht zu Zeiten der größten Kälte, sondern im Herbst und Frühjahr mit den Übergängen von warm in feuchtkühl und wieder zu warm. Auf diese Schnittpunkte weisen alle Forscher, die sich mit Wetter und Krankheit befassen, hin.

Unterscheiden sich blau- und braunäugige Menschen (lymphatische bzw. hämatogene Konstitution) in bezug auf Wetterreaktionen? Der schon zitierte H.-E. *Wolf* meint, daß der blauäugig-blonde Mensch durch den ty-

penmäßig vorhandenen Sympathikotonus (höhere Temperaturlage, Pulszahl und Atmung) der Kälte besser angepaßt ist als der braunäugige. Wenn jedoch eine Warmfront kommt (in Bayern z. B. Föhn), ist der Lymphatiker gestreßt – jetzt schießt der Sympathikotonus über. Auch wird er jetzt leichter krank, z. B. durch Bakterien, die sich bei feuchtwarmem Wetter vermehren.
Der braunäugige, dunkelhaarige Mensch hat per se eine Vagotonie. Er ist der Wärme angepaßt, hat eine langsamere Verbrennung und seine Körpertemperatur ist etwas niedriger – er verträgt die Wärme gut. Kälteeinbrüche stressen ihn. M. *Curry* hat den W- und K-Typ eindeutig beschrieben, den kalt- und warmfrontempfindlichen Menschen.
Daß die Wetterempfindlichkeit zugenommen hat, hängt mit der veränderten Ausgangslage des sog. modernen Menschen zusammen: Hektik, Lärm, schlechte Luft, wenig Bewegung und sitzende Lebensweise, Fehlernährung, Überernährung, Nikotin- und Alkoholabusus: die Reizschwelle des Vegetativums ist zu hoch.
Die Summation für das Vegetativum (Streß) ist zu groß – ein Wetterumschwung noch dazu: der Mensch »ist geschafft«. H.-E. *Wolf* gibt folgende Testfragen an, um zu bestätigen, was vorhergehend zu den verschiedenen Reaktionsweisen gesagt wurde:

Blauäugig (B-Typ *Lampert*):
sympathikoton
warmluftempfindlich (W-Typ)
frühzeitig hellwach
schnelle Anlaufzeit
abends Kaffee – kann nicht einschlafen
liebt kaltes Bad
schläft bei offenem Fenster
liebt kaltes Winterwetter

Braunäugig (A-Typ *Lampert*):
vagoton
kaltluftempfindlich (K-Typ)
schläft gern lange
langsame Anlaufzeit
abends Kaffee – schläft gut
liebt warmes Bad
schläft bei geschlossenem Fenster
liebt warmes Sommerwetter

Ganz so einfach, wie es hier klingt, ist es aber nicht: »Der lymphatische Mensch, der eine ererbte Konstitutionsbereitschaft in sich trägt und dessen vegetatives Nervensystem demzufolge äußerst labil und stigmatisiert ist, reagiert auf Wetterstreß und andere exogene Reizfaktoren (Bakterien) überschießend oder unterschwellig (*Zilch*) mit vegetativer Fehlschaltung und eventuell Allergie. So stellt bei ihm ein infektallergisches Geschehen die Vorstufe zur Krankheit dar. Der biologische Sinn einer Infektionskrankheit ist nach *Hoff, Letterer* der Übergang von der Empfänglichkeit (Wetter, Bakterieneinfluß) zur Immunität (Abwehr). Bleibt der Immunisierungsprozeß auf halbem Weg stehen, resultiert eine Allergie.« So der HNO-Arzt Dr. H.-E.- *Wolf.*
Man muß aus diesen Ausführungen ableiten, daß durch eine Allergie – wir haben eben gehört, wie sie auftritt – nun die Reaktionen nicht »typenge-

recht« ablaufen: Es kommt dadurch zu einem Funktionswandel der vegetativen Regulation und einem atypischen Krankheitsverlauf. Lymphatismus mit vegetativer Stigmatisation kann zur Allergie führen – und dann sind die Reaktionen »verkehrt«.

Therapeutisch wird man dann dem wettergeschädigten Sympathikotoniker Sympathikolytika geben, dem überwiegend reagierenden Vagotoniker – Vagolytika (*Pischinger*).

Wetter, Jahreszeit und Lymphatismus – ein großes Thema! M. *Bircher-Benner* erklärte den anfälligen Lymphatikern, daß nicht die Kälte und der »Zug« die Erkältungskrankheit auslösen, sondern die falsche Ernährung. Seine Theorie, mehr Rohkost zu essen, und überhaupt Vollwertkost (Bircher Müsli) wurde in jüngerer Zeit von H. *Anemüller*, O. *Bruker* und J.G. *Schnitzer* weiterentwickelt (letztere beiden sind besonders durch ihre Empfehlung, Zucker und raffinierte Weißmehlprodukte zu meiden, an die Öffentlichkeit getreten). Allen »Reformern« geben die praktischen Erfolge recht.

Dann gibt es die Ansicht, daß man sich in diesem Sinne nicht »erkältet« (von Extremfällen, wie ein Einbruch in Eis und damit kaltes Wasser im Winter, z.B. beim Schlittschuhlaufen, einmal abgesehen) – sondern daß es eines der ersten Symptome ist, zu frösteln und nicht mehr richtig warm zu werden, daß man erkältet ist. Das wird auch jeder nachvollziehen können: Man wüßte nicht, daß man sich ausgekühlt oder gar unterkühlt hätte, man hat sich warm angezogen wie immer, eine Mütze, Schal und lange Unterhosen wie immer: plötzlich ist man »erkältet«.

Auch mit der Vorstellung, jetzt hätte man sich angesteckt, ist es so eine Sache. Die Alten haben wahrscheinlich gar nicht so unrecht gehabt, wenn sie meinten, im Frühjahr und im Spätherbst bekäme man halt einfach einen Katarrh oder eine Erkältung, das könne man nicht verhindern – es sei denn, man stelle sich in einen Glaskasten! Und ein Katarrh sei ja schließlich auch gut, da komme »der Dreck heraus« – hinterher sei man wieder in Ordnung. (Und in diese volkstümliche Betrachtungsweise paßt es auch, den alten Witz zu wiederholen, nämlich daß ein Schnupfen mit Behandlung eine Woche dauere – und ohne sieben Tage. Da hat sich übrigens auch bis heute nicht viel geändert– wie viele Menschen gerne betonen, wenn es wieder einmal um die grandiosen Fortschritte in der modernen Medizin geht!)

Nun freilich, wir wissen heute, daß es mit dem »Anstecken« so ist, daß das Virus durch Tropfenkontakt übergeht, man mit der Erkältung eine Immunität ausbildet, für eine gewisse Zeit eben dagegen gefeit ist (sonst würde jeder, der ständig mit erkälteten Menschen zu tun hat, ja das ganze Jahr erkältet sein, was normalerweise nicht der Fall ist).

Schließlich muß noch auf folgendes hingewiesen werden: Bereits 1898 sagte *Ruhemann:* »Erkältungskrankheit ist gleich Infektionskrankheit, nicht der Mensch, sondern die die Krankheit bedingenden Bakterien unterliegen den Witterungseinflüssen und sind deshalb verschieden gefährlich.«

Schon 1926 schrieb *Freudenthal,* es gehöre Mut dazu, über die Erkältung zu schreiben. Daran hat sich wenig geändert – eben weil man sich noch immer aufs Glatteis begibt. Aber G. *Sticker* schrieb schon 1916: »Die Lehre von der Erkältung liegt im argen...« – Auf der anderen Seite muß man sagen, daß die Einflüsse des Wetters auf eine Erkältung nicht zu leugnen sind: H. *Schades* Untersuchungen im 1. Weltkrieg an 18000 Soldaten der Westfront konnten einigermaßen belegen, daß Auskühlung eine Rolle spielt. F. von *Bormann* hat bei einer Grippeepidemie 1948 in Oberhessen nachweisen können, daß durch Auskühlung erheblich mehr Erkrankungen auftraten: 103 Schulkinder wurden ärztlich untersucht, dabei mußten die Kinder ziemlich lange warten und die letzten Gruppen kamen nach Stunden völlig durchfroren zur Untersuchung (1948!). Deutlich kam zum Vorschein, daß diejenigen, die 2 bis 3 Stunden warten mußten, nach 1 bis 2 Tagen fast alle die Grippe hatten, kaum diejenigen, die sofort drangekommen waren.

Historisch interessant ist auch die berüchtigte Petersburger Grippe. Im Winter 1786 schlug die starke Kälte in einer einzigen Nacht in Tauwetter um: 40000 Menschen erkrankten auf einen Schlag.

In die Annalen eingegangen ist auch ein entsprechender Wetterumschlag in Paris im Jahr 1889: 50000 Menschen erkrankten in einer Nacht an Grippe.

Immer wieder wird auch betont, daß die trockene Kälte bei weitem nicht so gefährlich ist wie die feuchtkühle Luft. Temperatur, Feuchtigkeit und Luftbewegung (Wind) müssen also zusammen gesehen werden. Damit ist nochmal das sog. »Übergangswetter« angesprochen (Tauwetter z. B.).

Die Gipfel der Erkrankungshäufigkeit sind folglich von Dezember bis April; daß die Erkältungs- und Grippewellen sich mehr im Frühjahr hinziehen als im Herbst, dürfte sicher auch mit den besseren Reserven im Oktober und November vom vorangegangenen Sommer zusammenhängen: Sonne und Wärme neben Aufenthalt im Freien und bei vielen Menschen auch mehr Bewegung erhöhen die Immunität (sicher auch eine bessere Vitaminreserve).

Man muß darauf hinweisen, daß der heute gültige gregorianische Kalender für den Arzt und Heilpraktiker nicht viel aussagt (*Gregor XIII.,* 1582). Da sind die alten sog. Lostage schon mehr aus der Praxis der Naturbeobachtung entnommen: 25. Februar Frühjahrsbeginn, 25. Mai Sommeranfang, 25. August Herbstbeginn und schließlich der Eintritt des Winters am 26. November.

Wer *Hippokrates'* Ratschlag (»Die Schrift von der Umwelt«) ernst nimmt, wird diesen biologischen Wendepunkten große Bedeutung beimessen: »Wer die Heilkunst in der rechten Weise ausüben will, der muß folgendes tun: zunächst muß er die Jahres-

zeiten beachten, d.h. was eine jede von ihnen zu bewirken vermag. Denn sie gleichen einander in keiner Hinsicht, sondern weisen starke Unterschiede auf, sowohl an sich selber wie ganz besonders während ihrer Wandlungen.«
Nun darf man nicht starr erwarten, daß es am 25. Februar schlagartig Frühling wird – das ist ja häufig auch an der astronomischen Tag-Nacht-Gleiche (21.III.) nicht der Fall. Aber an der alten Bauernregel »Matthäus bricht das Eis« (24.II.) ist viel Wahres. Man wird immer wieder sehen können – je nach Mond –, daß um diesen Tag herum der Winter und die Kälte »brechen«. Nach altem katholischem Brauch ist St.-Petrus-Tag der folgende 25.II. Der Tag ist bereits viel länger geworden. Es liegt zwar noch Schnee und es schneit und weht dazwischen auch immer wieder kräftig – und doch spürt jeder, daß der Winter keine Chance mehr hat, er nicht mehr so ganz ernstgenommen werden kann. Der Saft in den Bäumen ist längst am Steigen – und die Luft riecht an lauen Tagen trotz aller Rückschläge nach Frühjahr. Der März steht unmittelbar bevor, die Sonne gewinnt an Kraft.
Der von der mittleren und älteren Generation verehrte Dr. Herbert *Fritsche* hat in seinem Büchlein »Sinn und Geheimnis des Jahreslaufs« äußerst feinsinnig die 12 Monate beschrieben (im übrigen war nach dem alten römischen Kalender der 1. März der Jahresanfang). Das Tauwetter, der wechselhafte April (»macht, was er will«) sind keine guten Wochen für den Lymphatiker. Von der Chronobiologie her, einer Wissenschaft, die bei uns noch etwas unterentwickelt zu sein scheint, sind März und April aber wegen ihrer »Reaktionsstärke« zwei traditionell wichtige Kurmonate. Kneipp- und Fastenkuren »schlagen« jetzt besonders gut an – und langsam begreift man, daß die Fastenzeit der katholischen Kirche (40 Tage vor Ostern) auch physiologisch »gut getimed« ist! Der Phytotherapeut wird dem Lymphatiker Brunnenkressensaftkuren verordnen (natur – wenn man solche noch in sauberen (!) Bächen findet – wenn nicht, Frischpreßsäfte von *Schoenenberger* oder *Kneipp* (Reformhaus).
Mein Lehrer, der großartige Kneipp- und Pflanzenkenner Heinrich *Pumpe,* hat im April mit seinen geradezu Wunder wirkenden Frischpreßsäften aus Wildkräutern (vorwiegend die ersten Brennesseln, Giersch = Aegopodium podagraria) begonnen, eßlöffelweise mit Buttermilch oder Molke verdünnt, Löwenzahnsalat täglich bis in den Juni hinein!
Der Sommer beginnt für den naturheilkundlichen Therapeuten auch nicht am 21. 6., sondern im allgemeinen 4 Wochen früher (man muß auch bedenken, daß zur Sommersonnenwende (!) der Tag und damit die Lichtdauer bereits wieder abnimmt). Der eigentliche Sommeranfang ist der 25. Mai, der St.-Urbans-Tag, benannt nach dem Schutzheiligen der Weinbauern (wir können in den traditionellen Weinländern am Rhein, in Franken und in Südtirol diesen vielverehrten Heiligen – Papst Urban I. regierte

von 222 bis 230 – mit Mitra und Weintraube dargestellt sehen). Ende Mai wissen wir aus der Erfahrung, daß es oft eine heiße Woche geben kann, wie bisweilen den ganzen Juni und Juli nicht mehr – vor 4 Jahren war in München der 30. Mai der heißeste Tag des Jahres.

Gegen Ende August, wenn die Hundstage vorbei sind, »steht dann der Herbst ins Haus«. Jeder kennt jene Abende, wo man sich überlegt, die Heizung für zwei Stunden anzustellen, weil es nicht »gemütlich« werden will. Das passiert also im meterologischen Sommer regelmäßig ab der letzten Augustwoche – und mit Schaudern hören wir im Radio, daß in den Alpen bis auf 1500 m herab Schnee fiel (Ende August kommen gelegentlich auf dem Münchener Flughafen braungebrannte, kurzbehoste Urlauber aus dem Süden an: schlotternd vom kühlen Regen empfangen). In der Praxis tauchen die ersten Erkälteten und Verschnupften auf – die versäumt hatten, sich rechtzeitig einen Pullover anzuziehen (»mitten im Sommer!?«), verbissen draußen sitzen wollten, »weil man das bei uns so selten kann«, und eben sich nicht umstellen wollen.

Es darf erwähnt werden, daß der beginnende September bereits wieder der erste Monat mit einem R ist nach dem April – und diese R-Monate lückenlos die kühlen und kalten Monate signalisieren! Mag mancher sich modern und aufgeklärt dünkende Mensch lächeln – er soll sich aber die Frage stellen, ob sein Wissen ausreicht, die Natur zu erkennen und sich ihr sensibel einzuordnen (wovon man im Alltag wenig sieht).

Die Luft riecht schon Ende August anders, die Luft flirrt nicht mehr vor Hitze – mögen einzelne, energisch kürzer werdende Tage auch noch so warm sein.

Die ersten Frühäpfel (die weiß-grünen Klaräpfel) werden ebenso geerntet wie die Frühkartoffeln. Das Getreide ist Ende August längst in der Scheuer oder vielmehr im Großsilo der Baywa. Der Stichtag 25. August gilt auf dem Land noch heute als Bartholomäus-Tag, in meiner Kindheit war auch der Name gebräuchlich. Doch glaube ich, daß nach dem 2. Weltkrieg kein Knabe mehr nach diesem Apostel getauft wurde. Als Kinder wußten wir auch: »Nach St. Bartholomä geht die Nuß aus dem Schnee« – d. h. daß die ersten, noch weichen Haselnüsse probiert werden konnten! Jetzt können die Nächte schnell kühl werden, und es tauchen meist schlagartig die ersten braunen Flecken an den Kastanienblättern (die zu jenen Bäumen gehören, die jährlich als erste ihr Grün-Chlorophyll umwandeln) auf. Man stellt zwar häufig fest, daß es alljährlich eben in der letzten Augustwoche schon »herbstelt« – aber bewußt wird es durch die falschen Fixierungen auf die meteorologischen Daten des Kalenders kaum.

Schließlich ist es mit dem Winter ebenso: Er beginnt in dem Sinne eben nicht am 21. Dezember. Auch der oberflächliche Beobachter kann es zumindest an zwei Phänomenen feststellen: Erstens, daß regelmäßig in der ersten Dezemberwoche plötzliche Frosttage mit nächtlichen Tiefstwerten um minus 10 Grad Celsius auftreten und ungeschütztes Wasser und auch Wasserleitungen »überraschend« einfrieren; zum anderen, daß die schon ältere Autobatterie es am nächsten Morgen nicht mehr schafft. Gleichzeitig kann der aufmerksame Beobachter notieren, daß um den 21. und auch an Weihnachten oft nasses, temperiertes Wetter herrscht (sehr zur Enttäuschung der Kinder, welche Schlittschuhe und Skier, die das Christkind gebracht hat, nicht unverzüglich ausprobieren können). Wann aber wechseln die Jahreszeiten wirklich?

Wenn wir den Nenntag 26. November (Konradstag) als den Beginn des Winters angeben, dann weiß jeder, daß dies mehr der Wirklichkeit entspricht als das Datum 21. Dezember: Anfang Dezember kann es (zumindest im Alpenvorland und Mittelgebirge) eine geschlossene Schneedecke geben, die bis Weihnachten liegen bleibt. Mit dem Herbst ist es längst vorbei: Die Farben sind verklungen, das Laub abgefallen. Aktivitäten im Freien sind spätestens jetzt (wie letzte Arbeiten in der Landwirtschaft und spätherbstliche Wanderungen) beendet – an Allerheiligen oder ein paar Tage darauf können empfindliche Regen- und Schneeschauer den Friedhofsbesuch ohne Wintermantel zur schlimmen Erkältung werden lassen. Früchte müssen frostfrei gelagert, die Wasserleitungen im Freiland abgesperrt und empfindliche Pflanzen mit Tannenwedeln abgedeckt sein. Es wird oft gar nicht mehr richtig Tag, und der Mensch fühlt auch in seinem Inneren, daß er sich zurücknehmen möchte, Hektik und Gerenne eine Weile reduzieren muß. Zeit der Besinnung, Advent. Nur total pervertierter Großstädter-Verstand läßt einen jetzt auf die Bahamas oder nach Kenia reisen.

Lassen wir nochmal Hippokrates zu Wort kommen: »So steht es mit diesen Dingen oder doch ganz ähnlich. Über die Jahreszeiten wird man die richtige Einsicht bekommen, wenn man sich folgende Fragen klarmacht: Wie nämlich das Jahr werden wird, ob es viele Krankheiten bringen oder den Menschen gesund sein wird.« Die Frage, warum ich diesen Gegebenheiten soviel Raum gebe: Naturbeobachtung und Naturbeachtung sind Teile unseres therapeutischen Handelns. Wieviel können wir den Patienten nützen mit Aufklärung auf diesem Gebiet! Licht – Luft – Wasser – Bewegung – Ernährung: Stehen alle diese fünf Säulen nicht in einem direkten Bezug zur Jahreszeit? Fastenkuren wegen der Kälte des Winters eben nicht vor dem 25. Februar, Kneippkuren nicht in den reaktionsarmen Monaten August, November und Dezember; Fragwürdigkeit der sog. Sommermonate vom Biologischen her gesehen.

Unsinnigkeit der Massenbewegung zum Skifahren zwischen Weihnachten und dem Dreikönigstag – wo seit alters her der Mensch im Haus und in der Stille und Besinnung »zwischen den Feiertagen« und den 12 Rauhnächten blieb. Verlieren jeglichen Gespürs für Kleidung – die mehr der Mode als der Jahreszeit angeglichen wird – statt dessen endloses Gejammere über »schlechtes Wetter«. Wenig Anpassung mit sportlicher Aktivität an die Erfordernisse des Jahreslaufs, genauso im Speisezettel (unreifes, nicht schmeckendes, exotisches Zeug zur falschen Zeit).

Meine Absicht aber war nicht, eine Negativliste zu erstellen. Mein Vorschlag ist vielmehr: wieder mehr Anpassung an die Natur, mehr Beobachtung des Jahreslaufes, mehr Handeln im Einklang. Der Mensch ist und bleibt – trotz mancher Deformierung – ein Geschöpf der Schöpfung.

Abwehr und Lymphsystem

1.

Es ist an einen Satz von J. *Angerer* zu erinnern, der vor 25 Jahren bereits immer wieder betonte: »Wenn bisher das Blut im Mittelpunkt der Betrachtung stand, so wird es in Zukunft die Lymphe sein.« Unbestreitbar hat sich der Satz bewahrheitet: Unwahrscheinlich stark trat in den letzten Jahren die *Immunologie* in den Vordergrund. Und dies fällt und steht eben mit dem lymphatischen System.

Ob es nun um die Multiple Sklerose, die Vielgestaltigkeit des Rheumatismus, die kaum in den Griff zu bekommenden Allergien und selbst um das alles beherrschende Bild des Krebses geht: immer mehr und immer stärker diskutiert man in diesen Zusammenhängen *die Abwehr – und damit das lymphatische System.*

Das war nicht immer so, wie vielleicht ein Neuling auf dem medizinischen Sektor denken könnte: Jahrzehnte – wenn man nicht gar sagen kann: jahrhundertelang standen das feindliche Agens, das Allergen, die Bakterie oder das Virus und seine Vernichtung im Denken der Medizin im Vordergrund. Und das Entscheidende dieses Denkansatzes: Man meinte, dies *von außen* machen zu können. Damit war und ist man, das sei unumwunden eingestanden, bei den Bakterien – z.B. mittels Antibiotika – auch recht erfolgreich. Der Fortschritt auf diesem Gebiet seit der Entdeckung des Penicillins durch A. *Fleming* soll hier in keiner Weise geschmälert werden – auch wenn wir in zunehmendem Maße über Resistenzprobleme und Nebenwirkungen (Allergien, Dysbakterien) stöhnen. Daß wir aber – um nur drei Beispiele aus einer Fülle zu nennen – weltweit gegen die zahlenmäßig unglaublich verbreiteten Leiden der Allergien, des Rheumas und des Krebses nach wie vor so gut wie machtlos sind, müssen heute auch diejenigen zugeben, die bis vor kurzem noch übersteigert die Fortschritte der modernen Medizin zu euphorisch gesehen haben.

Aber was ist nun in letzter Zeit passiert? Man diskutiert – um bei den Beispielen zu bleiben – beim Rheuma und beim Krebs (man stoße sich nicht an diesen pauschalen Begriffen: wohl sind hier Differenzierungen zu machen – und trotzdem muß der Praktiker sagen, daß im Prinzip, vom Therapeutischen her gesehen, die Auflistung in Dutzende von Untergruppen nicht allzuviel gebracht hat. Leider –) immer wieder und immer mehr zwei Faktoren:

1. eine virale Mitverursachung,
2. den nahezu alles entscheidenden Faktor der körpereigenen Abwehr.

Damit aber sind wir beim Thema! Denn

3. wird heute der körpereigenen Abwehr und *damit dem lymphatischen System* die Schlüsselrolle bei diesen so schwer therapierbaren Krankheiten zugesprochen.

Nachdem ganz offensichtlich geworden ist, daß »der Feind« von außen nicht bekämpft werden kann (»Abtötung« der Viren z.B.), konzentriert sich alles mehr und mehr darauf, das Abwehrsystem des Körpers zu stärken und damit das therapeutische Ziel zu erreichen. *Immunstimulierende Maßnahmen sind das A und O geworden* – von Metabiarex (*Fackler*) über Thymus-Injektionen (*Mulli*), RN 18 Regeneresen (*Müller-Göppingen*), Alymphon (*ISO*), Esberitox (*Schaper & Brümmer*), Lymphaden und Hevert-Tox (*Hevert*), Faktor AF 2 (*Biosyn*), Adriatherm 4 bc hellorange, ultraviolett-energetische Licht- und Wärmetherapie zur Abwehrsteigerung (*Stürken*), Schwörotox (*Schwörer*), Ultima Ratio (*Alexander*), Garthe Haemoaktivator für aktiviertes Eigenblut zur Immunstimulierung (*Garthe*), Lymphdiaral (*Pascoe*), Utilin (*Sanum*), Phönix-Antitox (*Phönix*) bis echinacin (*Madaus*). Ich habe lediglich ein kleines Einladungs- und Programmheft zu einer Fachfortbildung genommen und der Reihe nach herausnotiert, was auf diesem Sektor angeboten wird von seiten der biologisch-pharmazeutischen Medizin. Es handelt sich also nur um eine kleine und willkürliche Auswahl von Mitteln, die darauf abzielen, eben das Abwehrsystem des Organismus zu steigern. Aber auch die sogenannte Schulmedizin hat sich in den letzten Jahren voll auf dieses Ziel eingestellt: Letzten Endes zielt auch das Interferon darauf ab.

2.

Hören wir einige Stimmen zu diesem Thema.

Dr. med. H. *Mihoc* (1986):

»Die immunbiologische Reaktion nimmt immer im Synovialgewebe ihren Anfang. Mono- und Lymphozyten werden aktiviert, polyklonale B-Zellen bilden sich vermehrt. Zusätzlich kommt es zur Produktion der sogenannten Mono- und Lymphokinine.« Es geht um die Rheuma-Genese und -Abwehr.

Dr. med. Ivo *Bianchi*:

»...gestatten das Wachstum des kanzerogenen Gewebes, indem sie die Makrophagen in ihrer Tätigkeit lähmen. Obwohl die Hemmung des Immunsystems nur in unmittelbarer Nähe des Tumors eintritt, ist sie dennoch ein sehr wichtiger Faktor des lokalen Wachstums des Krebses.«

Und etwas später betont der Autor im selben Artikel: »Krebsproblem im Licht neuer Erkenntnisse« (1986) die Wichtigkeit der T-Lymphozyten und der Makrophagen bei der Krebsabwehr. (Viscum album – die Mistel –

nennt er übrigens besonders indiziert »bei allen Krebsfällen auf viraler Basis«.)
Häufig diskutiert wird in letzter Zeit ebenfalls die Bedeutung des Thymus als lymphoyztopoetisches Organ und damit seine Bedeutung als Abwehrorgan. Zitieren wir den HNO-Arzt Dr. med. A. *Kumpf:*
»Auf keinen Fall kann man darauf verzichten, den Thymus bei der Beurteilung der lymphatischen Konstitution heranzuziehen. Das gleiche gilt auch für die Milz.«
Man durfte in der letzten Zeit überrascht sein, wer alles Thymusinjektionen macht: Da ist mancher anscheinend in kurzer Zeit von einem Saulus zu einem Paulus geworden. Ich kann mein Erstaunen über den Wandel des Denkens der letzten 5 (!) Jahre nicht unterdrücken: 20 Jahre meiner beruflichen Arbeit standen unter dem Schatten der permanenten negativen Beurteilung durch die sogenannte Schulmedizin – und jetzt praktiziert plötzlich alles Naturheilkunde! Und wenn der Facharzt A. *Kumpf* vor 20 Jahren reichliche Klage führen mußte, daß seine Kollegen der Wichtigkeit des Lymphsystems so ganz und gar nicht aufgeschlossen waren, so hätte er heute seine Freude, als Wegbereiter modernen Denkens zu gelten.

3.

Meine Absicht kann es nicht sein, aus Physiologiebüchern abzuschreiben. Trotzdem muß ich zum besseren Verständnis die wichtigsten Fakten zum Thema Immunität und Lymphsystem darstellen (*Pschyrembel*).
Unter Immunsystem verstehen wir diejenigen Strukturen eines Organismus, in denen Differenzierung und Proliferation lymphoider Zellen und Lymphozyten erfolgt – also in erster Linie das lmyphatische System. In den zentralen lymphatischen Organen Bursa Fabricii und dem Thymus werden die sog. B-Zellen (= Bursa-abhängig) und T-Zellen (= Thymus-abhängig) gebildet, welche eine Einwirkung auf die peripheren lymphatischen Organe wie Lymphknoten, Milz, Peyersche Plaques und Tonsillen haben. Die Immunantwort als Reaktion des Organismus auf einen antigenen Reiz führt
1. zur Antikörperbildung = humorale Immunität (B-Lymphozyten)
2. zur Bildung von Lymphozyten, die imstande sind, mit dem Antigen spezifisch zu reagieren (= zellvermittelte Immunität durch die T-Lymphozyten)
3. zur immunologischen Toleranz, das ist der Zustand spezifischer immunologischer Nichtreaktivität nach Kontakt mit einem normalerweise antigenen Reiz.
Vielleicht kann man zusammenfassend sagen, daß Immunität auf der Entwicklung zellulärer und humoraler Abwehrkräfte beruht – die Phagozytose von bestimmten Lymphozyten ist hier ebenso subsummiert wie die Tätigkeit des retikuloendothelialen Systems (RES = Milz, Lymphknoten, Knochenmark, Kupffersche Sternzellen) wie die Immunkörperbildung. Ein komplexer Vorgang, der – wie kann man es sich anders denken – der vegetativen Gesamtregulation unter-

steht. (Ich habe – es sei beklagt – in der Praxis viele Jahre gebraucht, bis ich begriffen habe, daß die Frage der Abwehr mit der Kraft des vegetativen Nervensystems auf das engste zusammenhängt. »Schuld« daran, daß ich dies so lange nicht begriff, war ganz einfach der Umstand, tausendmal gelesen zu haben, das »hänge alles überwiegend mit dem Vegetativum zusammen«. Wie soll jemand, nachdem heute alles letztlich darauf zurückgeführt wird, noch wissen, wann der Zusammenhang nun wirklich evident ist und wann er einfach »irgendwie« mitspielt. Seien wir doch ehrlich: Auf diesem Sektor blickt doch keiner mehr durch – »dank« der totalen Psychologisierung vom Krebs bis zum Fußpilz. Man braucht mühsame jahrelange Praxis, um sich Werte und Maßstäbe und Relationen zu bilden!)

Homotoxinlehre und Lymphatismus

Wenn man die Homotoxinlehre H.H. *Reckewegs* betrachtet, sieht man an der hier abgebildeten *Grundlagentabelle der Homotoxikosen* auf einen Blick die besondere Situation des Lymphatikers: Die *Reaktionsphasen* sind bei ihm betont stark, schießen häufig über das Ziel hinaus oder verharren ungewöhnlich lange.

Dieses Schema – das wir in der Zeitschrift »Biologische Medizin« von der Firma Heel in Baden-Baden in verschiedenen Variationen immer wieder abgebildet finden – zeigt uns: alle Gewebe haben eine *normale physiologische Exkretionsphase.* Darunter sind aufzuzählen: Schweiß, Ohrentalg, Speichel, Magen- und Darmsekretion ebenso wie die »organodermalen« Sekretionen von Galle, Pankreas, Menstruation, Lymphabsonderung, Liquor und Synovia, Urin, Samen und Prostatasekret etc.

Wenn nun diese Sekretfunktion »nicht mehr richtig funktioniert«, dann kommt es zunächst zu harmlosen, aber weiteren Prozessen, zur *Reaktionsphase:* die Abbildung hilft uns am deutlichsten weiter (dritte Reihe von links).

Die ganze Problematik des Lymphatikers wird uns hier vor Augen geführt: er bleibt über Gebühr in dieser Reaktionsphase stecken. (Beachtenswert erscheint mir im übrigen ein Aufsatz von W. *Wehrmann* in »Naturheilpraxis« 7/1970 mit dem bezeichnenden Titel: »Das exsudativ-lymphatische Kind im antibiotischen Zeitalter« – müssen wir doch sehen, daß die antibiotische Therapie ihrerseits dazu beizutragen scheint, das Verharren in der Reaktionsphase zu verlängern. Und H.H. *Reckeweg* weist des öfteren darauf hin, daß zu vorschnelle Antibiotikagaben in die nächste, die Depositionsphase, führen können.) Bleibt der Lymphatiker in der Reaktionsphase nicht stecken, besteht doch die Gefahr, daß er immer wieder dorthin zurückgelangt. *Reckeweg* bezeichnet sie demzufolge als »physiologische Ausscheidungsvorgänge, welche oft durch fieberhafte Umsetzungen charakterisiert sind, meist mit starker Mesenchymaktivität einhergehen, wobei alle diese Vorgänge letzten Endes der Vorbereitung und Durchführung einer Ausscheidung dienen, wie z. B. Grippe (Schleim), Angina tonsillaris, Abszesse, Phlegmonen, Ekzeme, Fluor albus u. a.«. Noch ist der Lymphatiker eben von dieser zweiten Phase berührt oder erfaßt – noch ist er nicht in der dritten, der Depositionsphase, der Ablagerungsphase.

Man kann also sagen, daß der Lymphatiker – und nur unter seinem Gesichtspunkt soll die Homotoxinlehre von *Reckeweg* betrachtet werden – besonders mit dieser Reaktions-, Ausscheidungs- und Entzündungsphase befaßt ist. Das kann zweifach betrachtet werden: zum einen als ein *Positivum,* denn solange diese Reaktionen ablaufen, wird im allgemeinen Schlimmeres verhütet. Als *negativ* wird vom Betroffenen zu Recht beklagt, daß er »ständig etwas anderes« habe, nie »richtig in Ordnung« sei.

Im übrigen ist ein Großteil der alten Therapiemethoden der bis heute jung gebliebenen Naturheilkunde gerade auf diese Ausscheidungsphasen konzentriert und führt sie herbei: Man denke an das *Schröpfen, Baunscheidtieren,* an das *Cantharidenpflaster* – und nicht zuletzt an das *Rödern.*

Nicht umsonst wird immer wieder betont, daß diese Reaktionsphasen entscheidend dafür sind, wie es mit einer Krankheit weitergeht. Nicht ohne Bedeutung wird so oft vermerkt, daß diese »lymphatische Phase« nicht unterdrückt werden darf (Penicillin, Kortison, »Zuschmieren« etc.).

Sie muß vielmehr durchgestanden werden – dazu vermag ein guter Therapeut viel! (Sehr lesenswert erscheinen mir in diesem Zusammenhang die »Homöopathischen Signaturen« Sulfur, Calcium carbonicum, Phosphor und Arsen von Dr. med. E.H. *Schmeer,* einem erfahrenen homöopathischen Arzt. Sie finden sich in dem im Literaturverzeichnis angegebenen Buch »Homöopathie – Psychosomatik – Paramedizin«.)

Es sei betont, daß diese äußerst labile Reaktionsphase des jungen Lymphatikers sich meist mit zunehmendem Alter stabilisiert. So hören wir ja auch häufig von relativ gesunden alten Menschen, daß sie in jungen Jahren andauernd erkältet und anfällig waren – sich dies später aber gegeben hätte.

Lymphatismus – eine »Krankheit« zur Gesundheit hin?

Aus dem Vorgesagten werden dem Lymphatiker ganz besonders die *klassischen Grundregeln* helfen:

1. *Geringe Aufnahme von schädigenden Stoffen* (Genußgifte, minderwertige Nahrungsmittel, schlechte Luft, radioaktive Niederschläge – was leichter gesagt als getan ist! – etc.).

2. *Erhöhte Ausscheidung* von Schadstoffen über die klassischen »Ventile« Darm, Nieren, Haut und Atmung.

Der Lymphatiker merkt auch bald, daß die *rechte Lebensweise* für ihn von besonderer Wichtigkeit ist, die allgemein gültige Formel, gesund zu leben, für ihn eine weitgehende Bedeutung hat. (Es gibt bekanntlich auch Menschen, die machen können, was sie wollen – und die wir um ihre unverwüstliche Konstitution beneiden. Nicht so der *Lymphatiker: Er ist von der Vernunft abhängiger als andere!* Einer gewissen Tragik entbehrt hingegen nicht der Umstand, daß man Vernunft und Willen gerade in jungen Jahren noch nicht ausreichend hat – später allerdings häufig auch nicht!)

	Krankheiten der Disposition (humorale Phasen)		
Gewebe	Exkretions-phasen	Reaktions-phasen	Despositions-phasen
1. Ektodermale a) epidermale	Schweiß-Zerumen Talg u. a.	Exantheme, Dermatitis, Ekzem, Pyodermien u. a.	Keratosen, Clayi u. a.
b) orodermale	Speichel Schnupfen u. a.	Stomatitis Rhinitis, Soor u. a.	Nasenpolypen u. a.
c) neurodermale	Bläscheninhalt der vesic b. Herpes zoster u. a.	Neuralgien, Poliomyelitis u. a.	Neuralgien u. a.
d) sympathiko-dermale	Neurohormonale Zellabsonderung u. a.	Neuralgien, Herpes zoster u. a.	Neuralgien u. a.
2. Entodermale a) mukodermale	CO_2, Sterkobilin Darmsaft u. a.	Bronchitis Enteritis Colitis u. a.	Schleimhautpolypen Obstipation
b) organodermale	Galle, Pankreassaft, Hormone d. Thyreoidea u. a.	Parotitis Pneumonie Hepatitis Cholangitis u. a.	Silicosis, Cholelithiasis u. a.
3. Mesenchymale a) interstitio-dermale	Hyaluronsäuren u. a.	Abszeß Phlegmone Karbunkel u. a.	Myogelosen Ödeme u. a.
b) osteodermale	Haemopoese u. a.	Osteomyelitis u. a.	Hackensporn u. a.
c) haemodermale	Menses Blut- und Antikörperbildung	Endocardit., Typhus Sepsis Embolie	Varizen Sklerose u. a.
d) lymphodermale	Lymphe u. a.	Angina Appendizitis u. a.	Lymphatismus u. a.
e) cavodermale	Liquor Synovia	Polyarthritis u. a.	Hydrops u. a.
4. Mesodermale a) nephrodermale	Urin mit Stoffwechsel-Endprodukten	Pyelitis, Nephritis u. a.	Nephrolithiasis u. a.
b) serodermale	Absonderungen der serösen Häute	Pleuritis Pericarditis Peritonitis	Ascites u. a.
c) germinodermale	Menses, Semen Ovulation u. a.	Ovariitis, Salpingitis Prostatitis u. a.	Hydrozele Ovarialzyste u. a.
d) muskulodermale	Milchsäure, Laktazidogen u. a.	Muskelrheuma u. a.	Myogelosen Rheuma u. a.
	Prognose günstig		

Reckenwegs Homotoxikosentabelle

Gewebe	Krankheiten der Konstitution (zelluläre Phasen) Imprägnationsphasen	Degenerationsphasen	Neoplasmophasen
1. Ektodermale a) epidermale	Tätowierung, Pigmentierung u. a.	Dermatosen Lupus vulg. Lepra u. a.	Ulcus rodens Basaliom u. a.
b) orodermale	Leukoplakie u. a.	Ozaena, Rhinitis atrophicans u. a.	Ca d. Nasen- u. Mundschleimhaut
c) neurodermale	Migräne, Tics u. a.	Paresen Opticusatrophie Syringomyelie u. a.	Neurom Gliosarkom u. a.
d) sympathikodermale	Asthma, Ulcus duodeni u. a.	Neurofibromatose u. a.	Gliosarkome
2. Entodermale a) mukodermale	Asthma, Ulcus duodeni, Heiserkeit	Tuberkulose der Lunge und Darms u. a.	Ca d. Larynx, Magens, Darms Rektums u. a.
b) organodermale	Toxische Leberschäden u. a.	Leberzirrhose Hyperthyreose u. a.	Ca d. Leber, Gallenblase, Pankreas, Thyreoidea
3. Mesenchymale a) interstitiodermale	Vorstadien von Elephantiasis u. a.	Sklerodermie Kachexie, Hottentottenschürze u. a.	Sarkome versch. Lokalisation
b) osteodermale	Osteomalazie u. a.	Spondylitis u. a.	Osteosarkome
c) haemodermale	Angina pectoris Myocarditis u. a.	Panmyelophthise Perniciosa u. a.	Angiosarkome
d) lymphodermale	Lymphdrüsenschwellungen u. a.	Lymphogranulomatose u. a.	Lymphosarkome
e) cavodermale	Hydrocephalus u. a.	Coxitis, Tbk. u. a.	Chondrosarkome
4. Mesodermale a) nephrodermale	Albuminurie, Nephrosen u. a.	Schrumpfniere u. a.	Hypernephrom
b) serodermale	Pleuritis exsudativa u. a.	Tbk. der seriösen Häute u. a.	Ca der seriösen Häute
c) germinodermale	Adnexitis, Myome u. a.	Impotentia Sterilität u. a.	Ca d. Uterus Ovarien. Testes
d) muskulodermale	Myositis ossificans u. a.	Dystrophia musculorum progressiva u. a.	Myosarkome
	Prognose dubios		

Biologischer Schnitt

In diesem Zusammenhang entgeht es dem aufmerksamen Beobachter nicht, daß *Lymphatismus und infantile Persönlichkeitsstrukturen einen Zusammenhang haben.* Mit zunehmender Individualisierung des Kindes und Jugendlichen verschwindet zusehends die lymphatische Prägung, das ist nicht nur am Gesicht, dem Hauttonus und der Hautfarbe zu sehen. In der anthroposophischen Medizin wird auf den Zusammenhang der Individualisierung mit der *Pneumatisation der Kopfhöhlen* hingewiesen: Die Keilbeinhöhlen brauchen 4 bis 8 Jahre, die Stirnbeinhöhlen 10 bis 12 Jahre, ehe sie voll belüftet sind. Der infantil staunend der Umwelt gegenüber geöffnete Mund schließt sich diszipliniert. Die Nasenatmung schließlich bringt den Menschen in die Verstandes- und Willenssphäre. Geschlossener Mund und Nasenatmung haben also auch mit *kontrollierter Bewußtwerdung* etwas zu tun.

Wenn heute viel von »Prägungsphasen« die Rede ist – hier haben wir eine ganz entscheidende beim lymphatischen Kind; vernünftige und kluge Eltern richten zusammen mit einem biologisch eingestellten Behandler viel aus.

Auf zwei Arbeiten, die sich mit dem lymphatischen Kind gründlich auseinandersetzen, möchte ich zum Schluß noch ganz besonders hinweisen: W. *Hemm* (»Die lymphatische Fehlentwicklung beim Kind«) und W. *Wehrmann* (»Das exudativ-lymphatische Kind im antibiotischen Zeitalter«) beschreiben – siehe Literaturverzeichnis – die Situation treffend. Beide geben Behandlungshinweise aus der Biochemie nach Dr. *Schüssler*.

Zusammenfassung

Fassen wir schließlich zusammen:
Ein *intaktes Lymphsystem* ist entscheidend für

1. die Infektabwehr
2. die Entgiftung der Umweltnoxen
3. und letztlich auch, ob eine Präkanzerose und ein Krebs entstehen können oder nicht.

Dem *Lymphsystem drohen* die meisten *Gefahren* heutzutage nach Dr. med. A. *Kumpf* von

1. energiereichen Strahlen (Röntgen, atomare Belastung)
2. chemischen Substanzen in großer Anzahl
3. Virusinfekten.

Im Sinne der klassischen Naturheilkunde wären Grundverhaltensweisen wie diese zu empfehlen:

2. körperliche Bewegung in frischer Luft (Garten, Wandern, Spazierengehen, Sport, Jogging – was immer es sei)
1. sparsame, einfache, natürliche Ernährung
3. Vermeidung der Risikofaktoren wie Übergewicht, Rauchen, Cholesterin, Dauerstreß etc.
4. seelische Ausgeglichenheit als anzustrebendes Ziel.

Es ist unbestritten, daß das Bewußtsein der metaphysischen Existenz des Menschen jener Faktor ist, der eigentlich alles zusammenhält. Daß es bei diesem Punkt gar nicht so sehr auf etwas Bestimmtes ankommt, was uns Sekten und psychologische Schulen und Methoden weismachen wollen, kann vielleicht eine Anekdote klarmachen:
Bertrand *Russell,* Nobelpreisträger und engagierter Friedenskämpfer, sollte wegen seiner pazifistischen Aktivitäten wieder einmal in ein Gefängnis aufgenommen werden. Der Aufseher nahm seine Daten auf: Frage nach Alter, Beruf, und auch nach der Religion. *Russel* gab »Agnostiker« zu Protokoll. Der Aufseher wollte wissen, wie man das schreibe und meinte schließlich, daß es wohl viele Religionen gebe, sie vermutlich aber alle den einen Gott verehren würden!

Nachwort

Es überrascht uns nicht, was am 26. 4. 1984 in der »Süddeutschen Zeitung« stand: *»Dreckluft im Rhein-Main-Gebiet vergrößert Mandeln der Kinder.«* Und dann wörtlich: »Kinder im Rhein-Main-Gebiet weisen häufiger vergrößerte, nicht glatte Mandeln sowie vergrößerte Halslymphknoten auf als ihre Altersgenossen in sogenannten Reinluftgebieten. Zu diesem Zwischenergebnis kam eine Untersuchung der Gießener Justus-Liebig-Universität, die im Auftrag des hessischen Sozialministeriums Zusammenhänge zwischen Luftverunreinigung und regionalen Unterschieden von Gesundheitsschäden bei Kindern erforscht hat...«.

Es überrascht nicht, wenn laut Umfragen die meisten Kinder wegen

– Konzentrationsschwäche
– Allergien – Ekzemen – Hautausschlägen
– Appetitlosigkeit und vor allem wegen
– *ständiger Erkältungsanfälligkeit, Katarrh und Mandelentzündungen*

in die Praxen gebracht werden (wobei die Reihenfolge keinen Absolutheitsanspruch besitzt).

(Manchmal hört man auch das Wort von »Neuer Kindergarten oder neue Schulklasse = neue Bakterien!«)

Es überrascht dies alles nicht, wenn wir uns immer wieder vergegenwärtigen, daß nach Dr. med. A. *Kumpf »alle Viren durch das lymphatische System«* in den Organismus eintreten. Wenn wir wissen – nach dem gleichen Autor –, daß »das lymphoretikuläre System weitgehend *die Reaktionen unseres Körpers bestimmt«.* Wenn wir zur Kenntnis nehmen – und soweit als möglich Konsequenzen daraus ziehen –, daß *das lymphatische System als »Schuttabladeplatz«* fungiert (A. *Kumpf* in »Der deutsche Apotheker«, Februar 1973, Heft 2, Seite 62–69).

Wir werden uns darüber im klaren sein müssen, daß das Abwehrsystem immer größere Bedeutung bekommt. Überall liest und hört man heute vom *Immunsystem:* Es wird geradezu zum Therapieschlüssel für zahlreiche Krankheiten. Wo man vor einigen Jahren noch gedacht hat, daß man für diese oder jene spezielle Krankheit ein spezifisches Medikament finden wird, hat man vielerorts diese Hoffnung (zumindest zunächst) aufgegeben und setzt auf *Immunstimulation.*

Viel wird z. Z. auch gesprochen über

»monoklonale Antikörper«. Was dürfen wir uns darunter vorstellen? Es geht im Grunde dabei um die genetischen Prozesse, durch welche die Antikörper auf »individuelles Feindbild geprägt und maßgeschneidert« werden (Nobelpreisträger G. *Köhler*). Das Immunsystem hat die Aufgabe, körperfremde Strukturen – sog. Antigene – im Organismus aufzuspüren und unschädlich zu machen. *Seine wichtigsten Werkzeuge aber sind Lymphozyten,* weiße Blutzellen, die zunächst ein Antigen als solches erkennen und dann, auf den Fremdkontakt hin, sich zu vermehren beginnen. Auf diese Vermehrung aber zielt nicht zuletzt unsere Therapie! Die durch den Fremdkontakt gereizten Lymphozyten erzeugen nun Antikörper, Abwehrmoleküle, die sich an das Antigen binden, es quasi dingfest machen und im Verein mit anderen Zellen auflösen. Wenn man von einer ungefähren Zahl von ca. 1 Billion Lymphozyten im menschlichen Organismus ausgeht, mit mehreren Millionen unterschiedlichen Spezifitäten, die auf das Antigen »wie der Schlüssel zum Schloß« passen, dann kommen wir dem Begriff der monoklonalen Antikörper näher. Man bezeichnet die Gesamtheit von Lymphozyten mit jeweils gleicher Spezifität als »Klon«; entsprechend heißen die von den Lymphozyten eines solchen Klons – oder auch von einem einzelnen Lymphozyten – erzeugten, identischen Antikörper »monoklonal« oder »monospezifisch«. Das wäre zum Abschluß der neueste Stand der Forschung. Hier wird es wohl weitergehen – und die *zentrale Bedeutung des Lymphsystems* kann nicht übersehen werden.

Der sehr angesehene englische Philosoph Sir Carl *Popper* sagte einmal: »Aber das naturwissenschaftliche Wissen ist eben nicht sicheres Wissen, es ist revidierbar. Es besteht aus überprüfbaren Vermutungen, im besten Fall ungemein streng überprüften Vermutungen, aber immer doch nur aus Vermutungen.« Aus dieser Erkenntnis ruft er zur Duldsamkeit auf: ». . . . daß wir unsere menschliche Unwissenheit betonen. Daraus ziehen wir wichtige ethische Konsequenzen: Duldsamkeit . . .« Und schließlich sagt er noch: »Aber es gibt außer der Intoleranz noch andere Torheiten, die wir nicht tolerieren dürfen. Vor allem jene Torheit, mit der letzten Mode zu gehen.«

Solche Worte hört der Praktiker, der an bewährten Methoden festhält, gern . . .

Literaturverzeichnis, Bildquellen

Adler, Dr. med., Ernesto: »Erkrankungen durch Störfelder im Trigeminusbereich«, Verlag für Medizin Dr. E. Fischer, Heidelberg 1973

Angerer, Josef: »Das Antlitz des Lymphatikers«, »Naturheilpraxis«, R. Pflaum Verlag, München, Heft 10/1955

Batt, Dr. med. dent., Hugo: »Vegetative Ermüdung als pathogenetisches Prinzip«, Humata-Verlag, Freiburg i. Brsg. 1955

Broy, Joachim: »Die Konstitution«, T. Marczell-Verlag, München 1978

Buchinger, Dr. med., Otto: »Die Rödermethode«, Bruno Wilkens Verlag, Hannover 1947

Gleditsch, Dr. med., Jochen: »Reflexzonen und Somatotopien«, Biologisch-Medizinische Verlags-GmbH, Schorndorf/Wttbg. 1983

Heimann, Dr. med., Hans: »Das Fokusgeschehen bei Erkrankungen im Nasen-, Rachen- und Halsgebiet – Klinische Bedeutung und Therapie«, »Erfahrungsheilkunde«, K. F. Haug Verlag, Heidelberg, 5/1980

Hemm, Werner: »Die lymphatische Fehlentwicklung beim Kind«, »Naturheilpraxis«, Heft 5/1978, R. Pflaum Verlag, München

Honegger, Dr. med., Heinrich: »Die antidyskratische Behandlung als Basistherapie chronischer Erkrankungen«, K.F. Haug Verlag, Ulm/Donau 1959

Karl, Josef: »Therapiekonzepte für Naturheilkunde«, T. Marczell-Verlag, München, 2. Aufl. 1983

Koblank, Dr. med., Alfred: »Die Nase als Reflexorgan«, K.F. Haug Verlag, Ulm/Donau 1958

Krack, Dr. med., Niels: »Nasale Reflex-Therapie mit ätherischen Ölen«, K.F. Haug Verlag, Heidelberg 1975

Krumm-Heller, Dr., Arnold: »Osmologische Heilkunde«, Richard Schikowski Verlag, Berlin 1955

Kumpf, Dr. med., Adam: »Wer ist für die Mandeln zuständig?«, »Der deutsche Apotheker«, Heft 4/1971

Popp, Dr. med., H.O.: »Die Problematik des Lymphatismus in der Praxis«, »Erfahrungsheilkunde«, K.F. Haug Verlag, Ulm/Donau, 7/1966

Schimmel, Dr. med. et Dr. med. dent., Helmut: »Bewährte Therapierichtlinien bei chronischen Erkrankungen«, Acta Biologica Jahrgang XIV, Nr. 3, Firma Pascoe, Gießen

Schmeer, Dr. med., E.H.: »Homöopathie – Psychosomatik – Paramedizin«, Verlag Grundlagen und Praxis, Leer/Ostfr. 1982

Vogl, Dr. med., Walter: »Die Mandeln – ihre Aufgabe und ihre Behandlung nach Dr. Röder«, K.F. Haug Verlag, Saulgau 1949

Wehrmann, Wolfgang: »Das exsudativ-lymphatische Kind im antibiotischen Zeitalter«, »Naturheilpraxis«, R. Pflaum Verlag, München, Heft 7/1970

Zilch, Dr. med., Max Josef (Herausgeber): »Lymphsystem und Lymphatismus«, Johann Ambrosius Barth Verlag, München 1963

Bildquellen

1 Tonsillen und Lymphsystem des Kopf-Hals-Bereichs. Aus: H. und G. Wittlinger: »Einführung in die Manuelle Lymphdrainage nach Dr. Vodder«. Haug Verlag, Heidelberg, 1978
2 Wichtigste Lymphknotenstationen. Aus: A. Benninghoff: »Lehrbuch der Anatomie des Menschen«. Urban & Schwarzenberg Verlag, Berlin–München, 1948
3 Lymphknoten der tiefen Luftwege. Aus: H. Braus: »Anatomie des Menschen«. Springer Verlag, Berlin, 1940
5 Lage des Watteträgers bei der endonasalen Massage. Aus: Niels Krach: »Nasale Reflextherapie mit ätherischen Ölen«. Haug Verlag, Heidelberg, 1975
6 Ausschaltung des Störfeldes »Tonsillen«. Aus: Peter Dosch: »Einführung in die Neuraltherapie mit Lokalanästhetika«. Haug Verlag, Heidelberg, 1974
8 Beziehungen der Funktionskreise von Zähnen und Paradontien. Aus: J. M. Gleditsch: »Reflexzonen und Somatotopien«. WBV Biologisch-Medizinische Verlagsgesellschaft, Schorndorf, 1983
9 Schmerzdruckpunkte der HWS. Aus: E. Adler: »Erkrankungen durch Störfelder im Trigeminusbereich«. Verlag Dr. Ewald Fischer, Heidelberg, 1973

Tabelle (Seite 68–69): Reckenwegs Homotoxikosentabelle. Aus: Dr. med. H.-H. Reckenweg: »Homotoxikologie«. Aurelia Verlag, Baden-Baden, 1976

Das »Handwerkszeug« zum Rödern ist zu beziehen bei: KaWe Medizintechnik Kirchner und Wilhelm, Heusteigstr. 70a, 7000 Stuttgart 1

Typisch Mann?

Männer sind Machos, lieben Technik, Autos und Fußball, gehen nicht gerne shoppen und können nicht über ihre Gefühle sprechen. Solche Klischees kennen wir alle. Ganz nach dem Motto: Schublade auf, Mann rein, Schublade zu.
Schon kleine Jungen werden von der Gesellschaft in diese Richtung geprägt, wenn Eltern oder Lehrer zu ihnen sagen: Ein Indianer kennt keinen Schmerz. Aber was ist, wenn ich gar kein Indianer sein möchte? Was ist, wenn ich das alte Männerbild vom gefühlstoten, meine Socken überall rumliegenlassenden Alleinverdiener nicht mehr leben möchte? Bin ich dann ein Weichei? Kein so genannter „richtiger Mann“?
Männer haben es heutzutage nicht leicht, sich zwischen all diesen Klischees, die durch den Malboro-Mann immer noch fest in ihnen verankert sind, und den Erwartungen an den neuen, modernen Mann, der in Vaterzeit geht oder die Wäsche bügelt, zu entwickeln und selbst zu finden.

Ich wünsche Ihnen für Ihr neues Lebensjahr, dass Sie sich selbst finden, unabhängig davon, was andere von Ihnen erwarten oder die Gesellschaft Ihnen einreden möchte. Als Christen sind wir bei dieser Suche nicht allein. Gott, unser Vater und Schöpfer, kennt uns und liebt uns, so wie wir sind. Auf dieser Grundlage dürfen wir leben und daraus dürfen wir unseren Wert ziehen, denn seine Liebe macht uns zu wertvollen Männern.

Der Junge, dem ein Arm fehlte

unbekannt

Es war einmal ein Junge. Er war mit nur einem Arm auf die Welt gekommen, der linke Arm fehlte ihm. Nun war es so, dass sich der Junge für den Kampfsport interessierte. Er bat seine Eltern so lange darum, Unterricht in Judo nehmen zu können, bis sie nachgaben, obwohl sie wenig Sinn darin sahen, dass er mit seiner Einschränkung diesen Sport wählte.

Der Meister, bei dem der Junge lernte, brachte ihm einen einzigen Griff bei und den sollte der Junge wieder und wieder trainieren. Nach einigen Wochen fragte der Junge: „Sag, Meister, sollte ich nicht mehrere Griffe lernen?“ Sein Lehrer antwortete: „Das ist der einzige Griff, denn du beherrschen musst.“

Obwohl der Junge die Antwort nicht verstand, fügte er sich und trainierte weiter. Irgendwann kam das erste Turnier, an dem der Junge teilnahm. Und zu seiner Verblüffung gewann er die ersten Kämpfe mühelos. Mit den Runden steigerte sich auch die Fähigkeit seiner Gegner, aber er schaffte es bis zum Finale. Dort stand er einem Jungen gegenüber, der sehr viel größer, älter und kräftiger war als er. Auch hatte der viel mehr Erfahrungen. Einige regten an, diesen ungleichen Kampf abzusagen und auch der Junge zweifelte einen Moment, dass er eine Chance haben würde. Der Meister aber bestand auf den Kampf. Im Moment